... um die Stimmung
ein bißchen
anzuheben ...

Ganz liebe Grüße und
Küßchen

Christoph + Katja

Das Mädchen als König
Orientalische Frauenmärchen
Band II

Das Mädchen als König

Orientalische Frauenmärchen
Band II

Verlag
Antje Kunstmann

Herausgegeben von Johannes Merkel

Dritte Auflage 1991
Sechstes bis achtes Tausend

Umschlaggestaltung: Michel Keller, München
Gesamtherstellung: Kösel, Kempten
ISBN 3 88897 116 0

Inhaltsverzeichnis

Das Mädchen als König

Vor langer Zeit lebte eine alte Frau, die hatte einen Sohn. Sie waren sehr arm. Eines Tages sagte der Sohn zu seiner Mutter: »Ich werde in die Fremde gehen und Geld verdienen«, und er machte sich auf den Weg. Wohin er auch kam, keiner, der ihn in seinen zerlumpten Kleidern sah, betrachtete sein Gesicht. Er war sehr schön, doch da er kein ordentliches Gewand besaß, bemerkte niemand seine Schönheit. Eines Tages kam er in eine Stadt und blieb vor dem Laden eines Halwa-Bäckers stehen. Er sprach zu dem alten Mann: »Baba, nimm mich auf, ich werde für dich arbeiten.« Der Greis antwortete: »Mein Junge, ich kann täglich kaum für zehn Piaster Halwa verkaufen. Mit diesem Geld müssen ich und meine Frau uns durchbringen.« Der Junge bat hartnäckig weiter. »Ich werde meine Frau fragen!« sagte schließlich der alte Mann. Als er abends nach Hause kam, sagte er zu der alten Frau: »Er bittet inständig. Was können wir tun?« Die alte Frau sagte: »Das, was wir zu zweien essen, reicht auch für einen dritten. Wenn er so sehr bittet, bringe ihn mit.«

Am nächsten Tag setzte der Greis den jungen Mann

neben sich in den Laden. Der junge Mann sagte zu ihm: »Gib mir etwas Halwa. Ich werde es mit einem Tablett auf der Straße verkaufen.« Der alte Mann gab ihm etwas Halwa, und der junge Mann verkaufte für fünfzig Piaster. Das machte er eine Woche lang, und vom Erlös konnte der alte Mann den Laden herrichten und für den Jungen ein Gewand machen lassen. Denn der alte Mann buk ein ausgezeichnetes Halwa.

Eines Tages kam ein reicher Herr in den Laden und kaufte Halwa. Er war sehr zufrieden und empfahl es jedem weiter: »Keiner bäckt ein solches Halwa. Nur zu, kauft alle dort.« Von diesem Tag an gingen alle zu dem alten Mann.

Wenig später begann man von der Schönheit des jungen Mannes zu reden, einer erzählte es dem anderen weiter. Auch die Tochter des Sultans vernahm diese Neuigkeit; eines Tages stieg sie mit ihren Ehrenjungfrauen in die Karosse und kam, um den Sohn des Halwa-Bäckers zu sehen. Sogleich trug der junge Mann dem Mädchen Halwa auf einem Tablett herbei. Sie nahm davon, gab ihm fünfzig Goldstücke und sagte: »Bringe jeden Tag Halwa in mein Haus.« Von diesem Tag an trug der junge Mann Halwa zur Tochter des Sultans, und jedes Mal erhielt er als Trinkgeld hundert Goldstücke. Eines Tages sagte das Mädchen zu ihm: »Ich liebe dich; deshalb nehme ich dir jeden Tag Halwa ab. Mein Vater wird nicht erlauben, daß ich dich heirate; deshalb werde ich dir jeden Tag hundert oder zweihundert Goldstücke geben; verstecke sie; eines Tages werden wir fliehen.«

Der Sultan erfuhr von dieser Geschichte und sprach:

»Ich will nichts mit einer Tochter zu schaffen haben, die imstande ist, den Sohn eines Halwa-Bäckers zu lieben!« Er rief seine Wesire zu sich und sagte zu ihnen: »Hängt dieses Mädchen auf!« Die Wesire aber steckten das Mädchen in eine Kiste und trugen sie in die Stadt, um sie dort zu verkaufen. Auf dem Weg erzählte einer der Wesire dem Mädchen, was sie erwartete. Dieses sagte zu ihm: »Sagt schnell dem Sohn des Halwa-Bäckers Bescheid, damit er mich mit der Kiste kauft.«

Der Sultan glaubte, daß man seine Tochter gehängt habe, aber die Wesire hatten aus Mitleid anders gehandelt. Der Sohn des Halwa-Bäckers kaufte also die Kiste für ein Goldstück. Zwei oder drei Tage später übergab er eine Kiste voll Gold wie auch die Kiste mit dem Mädchen Maultiertreibern, die zum Dorf seiner Mutter unterwegs waren. Er sagte zu ihnen: »Tragt dies zu meiner Mutter; ich selbst komme in zwei Monaten nach.« Die Maultiertreiber brachten die zwei Kisten zum Haus des jungen Mannes und riefen seine Mutter herbei: »Nimm dies von uns entgegen, dein Sohn schickt dir zwei Kisten.« Die Alte fragte: »Was ist in den Kisten?« Die Maultiertreiber antworteten: »Wir wissen es nicht.« Die alte Frau sprach: »Ich sterbe vor Hunger. Es muß unbedingt Brot sein. Was finge ich sonst mit den Kisten an?« Die Mauleseltreiber ließen die Kisten stehen und gingen fort.

Die alte Frau sprach: »Wollen wir mal sehen.« Aber als sie sich an den Kisten zu schaffen machte, fand sie diese so schwer, daß sie sie nicht bewegen konnte. Da kletterte das Mädchen unbemerkt aus der einen Kiste und sagte zu der Alten: »Du kannst das nicht hochheben, warte, ich helfe dir!« Die alte Frau sprach: »Mein Sohn hätte mir Brot schicken sollen; was soll ich mit einer Frau anfangen?« Und sie begann, vor sich hin zu schimpfen. Als das Mädchen die Stube betrat, war alles schmutzig. Sie nahm einen Besen und kehrte tüchtig. Dann sagte sie zu der alten Frau: »Geh in die Stadt und kaufe uns zwei Betten.« Die Alte erwiderte: »Ich habe nicht einmal genügend Geld, um einen Bissen Brot zu kaufen: Wovon soll ich Betten kaufen?« Das Mädchen gab der Alten fünfzig Goldstücke und schickte sie in die Stadt. Die Alte kaufte Betten sowie etwas zum Essen und kam zurück.

Der folgende Tag war ein Freitag. Das Mädchen sagte zu der alten Frau: »Gibt es denn kein Haus irgendwo in dieser Gegend zu mieten?« Die Alte entgegnete: »Verwünschtes Geld, woher sollen wir es nehmen? Wovon sollen wir ein Haus kaufen?« Das Mädchen zog dreitausend türkische Pfund hervor und gab sie der Alten. In der Stadt angekommen, fand die Alte die Angesehenen des Orts im Hof der Moschee versammelt. Sie ging auf sie zu und fragte: »Kann man heute irgendwo ein Haus finden, das zum Verkauf steht?« Sie lachten und sagten zu der Alten: »Hast du soviel Geld mit Betteln verdient, daß du nun ein Haus suchst?« Unter den Anwesenden fand sich einer, der drei Paläste besaß. Er fragte im Scherz: »Großmutter, du suchst ein Haus? Willst du, daß ich dir einen meiner Paläste gebe?« Die Alte antwortete: »Zu welchem Preis?« Der Edelmann erwiderte: »Für dreihundert Goldstücke.« Die Alte meinte: »Was habt Ihr? Warum verspottet Ihr mich? Ich spreche in allem Ernst mit

Euch.« Der Edelmann sagte: »Auch ich meine es ernst. Schaffe dreihundert Goldstücke herbei, und wenn ich dir dann den Palast nicht gebe, sollst du überall erzählen dürfen, daß ich nur üble Scherze mache!« Die Alte sagte zu den Anwesenden: »Ihr seid die Zeugen?« Und während sie dem Imam der Moschee die dreitausend Goldstücke aus ihrer Tasche gab, sagte sie zu ihm: »Von diesem Geld händige ihm dreihundert Pfund aus und gib mir den Rest zurück.« Der Imam zahlte dreihundert Pfund an den Edelmann aus, der sein Versprechen nicht zurücknehmen konnte und der Alten den Palast geben mußte. Am darauffolgenden Tag zogen die Alte und das Mädchen in den Palast ein und schmückten ihn bis in jeden Winkel.

Eines Tages, da der Imam hoch oben vom Minarett zum Gebet rief, erblickte er die Tochter des Sultans in diesem Palast und verliebte sich sogleich in sie. Von diesem Tag an bestieg der Imam bereits weit vor Mittag das Minarett und wartete in der Hoffnung, das Mädchen zu sehen. Als das Mädchen den Imam vor der üblichen Zeit auf das Minarett steigen sah, erkannte sie, daß er sie liebte. Sogleich ließ sie zwei Arbeiter kommen und eine Grube im Hof ihres Palastes graben. Über die Grube ließ sie Astwerk legen und über die Zweige einen Teppich ausbreiten; auf den Teppich ließ sie einen Stuhl stellen. Sodann ließ sie dem Imam durch ihre Dienerinnen diese Nachricht überbringen: »Möge der Imam eines Tages zu mir als Gast kommen.« Der Imam sprach zu sich: »Sie liebt mich gleichfalls.« Er machte sich zurecht und begab sich zum Palast. Die Dienerinnen zeigten ihm den Stuhl auf dem Teppich und sagten: »Setze dich!« Kaum hatte er sich gesetzt, da brach er in die Grube ein. Sogleich warfen sich die Dienerinnen auf ihn und fesselten ihn. Nachdem sie ihn tüchtig verprügelt und ihm die Hälfte seines Bartes abrasiert hatten, warfen sie ihn vor die Tür. Als sich der Imam draußen wiederfand, war es gerade Mittag; die Gläubigen, die sich zum Gebet versammelt hatten, suchten nach ihrem Imam. Aber der Imam ging, nachdem er sich nach Hause geschlichen hatte, nicht mehr vor die Tür, bis sein Bart nachgewachsen war.

Tief verärgert darüber, was ihm das Mädchen angetan hatte, sagte der Imam zu sich: »Auch ich will ihr einen Streich spielen!« Er erkundigte sich nach der Adresse des Sohnes des Halwa-Bäckers und schrieb ihm einen Brief, in dem es hieß: »Deine Frau ist eine Hure geworden.« Kaum hatte der junge Mann den Brief gelesen, sagte er zu sich: »Ich habe dieses Mädchen geheiratet, weil ich es liebte. Warum hat sie mir das angetan?« Er nahm seinen Dolch und ging in seinen Palast. Im Hof traf er seine Mutter. Während sie sich unterhielten, sahen ihn die Dienerinnen und brachten dem Mädchen sogleich die Neuigkeit: »Dein Mann ist gekommen!« Das Mädchen sagte: »Ich will ihn begrüßen!« Als sie aus der Tür trat, zog der junge Mann eine Pistole und schoß auf sie. Sie sank nieder mit den Worten: »Ich bin getroffen!« Er zog seinen Dolch aus dem Gürtel und wollte ihn ihr eben ins Herz stoßen, als ihn die Dienerinnen und die Mutter festhalten konnten und sagten: »Was hast du? Was machst du? Wir haben dem Imam allerlei angetan. Vielleicht hat er deswegen etwas an dich geschrieben. Das Mädchen ist unschuldig!« Im selben Augenblick verstand der junge Mann alles.

Er machte sich auf die Suche nach einem Arzt. Nirgendwo war einer zu finden. Nur an einem entlegenen Ort gab es einen. Der sprach: »Ihr müßt mir die Kranke bringen, ich kann nicht kommen. Tragt sie hierher, damit ich sie behandeln kann.« Der junge Mann trug die Kranke zu dem Arzt und überließ sie seiner Obhut. Da der Arzt weit entfernt wohnte, konnte der junge Mann nicht jeden Tag vorbeikommen. Der Arzt behandelte das Mädchen. Eines Tages sagte er zu ihr: »Ich liebe dich, sei mein.« Sie erwiderte: »Meine Wunde ist noch nicht verheilt. Gib mir drei Tage Aufschub – danach...« Sie ließ heimlich von einem Arbeiter eine Kiste bauen und sie in ihr Zimmer tragen. Das Haus des Arztes lag am Meeresufer. Am dritten Tag, während der Arzt fort war, stellte sie die Kiste ans Fenster, setzte sich hinein, versetzte der Kiste einen Stoß und fiel mit ihr ins Meer.

Mit der Kiste wurde sie schließlich ans Ufer angetrieben. Dort waren drei Männer gerade auf Fischfang. Als sie das Mädchen mit der Kiste erblickten, zogen sie sie heraus, und alle drei verliebten sich in sie. Sie fingen an, darüber zu beraten, wer sie haben sollte. Der eine sagte: »Sie gehört mir!«, der andere: »Sie gehört mir!«, und sie begannen sich zu schlagen. In diesem Augenblick erschien unvermutet ein Gendarm zu Pferd: »Was habt ihr? Was macht ihr?« sagte er. Sie antworteten: »Wir haben dieses Mädchen aus dem Meer gezogen, und alle drei lieben wir sie. Es gelingt uns nicht, sie einem allein zuzugestehen.« Der Gendarm sprach:

»Geht zu dem Baum, den ihr dort geradewegs vor euch seht. Lauft um die Wette hierher zurück. Das Mädchen gehört demjenigen, der am schnellsten ist!« Während die Männer zu dem bezeichneten Baum gingen, befahl der Gendarm dem Mädchen, hinter ihm aufzusitzen, und machte sich schnell mit ihr davon.

Nach zwei Stunden Wegs gelangten sie an einen Brunnen. Der Gendarm sagte zu dem Mädchen: »Sei mein!« »Gut!« antwortete sie. »Nur war auch mein Vater Gendarm, und ich wünsche mir sehnlichst, einmal die Uniform des Gendarmen anzuziehen. Gib mir dein Gewand herüber – danach ...« Der Gendarm legte dem Mädchen seine Uniform an, band ihr seine Waffen um, und er selbst streifte sich die Kleider des Mädchens über. Sie fügte hinzu: »Laß mich auch auf dein Pferd steigen!« Als sie aufgestiegen war, trieb sie das Tier an und machte sich im Galopp davon. Nach zwei Tagen kam sie in eine Stadt. Dort war es Brauch, wenn der Sultan gestorben war, einen Nachfolger zu suchen, indem man einen bestimmten Vogel fliegen ließ; derjenige, auf dessen Kopf sich der Vogel niederließ, wurde zum neuen Sultan ernannt. Nun war dieser Tag gerade derjenige, an dem man den Vogel fliegen ließ. Das Mädchen in seinen Gendarmen-Kleidern mischte sich unter die Menge. Der Vogel ließ sich auf ihrem Kopf nieder. So machte man sie zum Sultan. Als sie auf ihrem Thron saß, wurde sie unruhig: »Was kann ich nur machen, um meinen Mann wiederzufinden?«

An der Straße dieses Orts ließ sie einen großen Brunnen errichten. Eines Tages rief sie einen Photographen zu sich und sagte zu ihm: »Ich werde dir ein

Mädchen bringen. Du wirst von ihm ein Porträt anfertigen, so schön, daß es ihm völlig gleichen wird. Gelingt dir das nicht, lasse ich dir den Kopf abschneiden.« Er antwortete: »Sollte es mir nicht gelingen, nehme ich meine Strafe an.« Das Mädchen zog heimlich seine Frauenkleider an und ließ sein Bildnis anfertigen. Als es fertig war, ließ sie es beim Brunnen aufhängen; sie stellte eine Schildwache auf und sagte zu ihr: »Wer auch immer beim Anblick dieses Porträts ›Ach!‹ ausrufen wird – nimm ihn fest und führe ihn mir vor!«

Kommen wir jetzt zu ihrem Mann zurück. Er besuchte den Arzt und fragte: »Wo ist meine Frau?« Der Arzt antwortete: »Ich habe ihre Wunde behandelt und geheilt. Eines Tages ist sie von selbst verschwunden. Ich weiß nicht, wohin sie gegangen ist.« Der junge Mann blieb weiter auf der Suche nach seiner Frau und kam so eines Tages zu dem Ort, in dem das Mädchen Sultan war. Während er aus dem Brunnen trank, sah er das Bildnis hängen. Als er es betrachtete, rief er: »Ach!« Der Wachtposten nahm ihn fest und steckte ihn ins Gefängnis.

Kommen wir zum Imam. Nach seinem Abenteuer konnte er sein Amt als Imam nicht mehr behalten. So zog er von Dorf zu Dorf. Eines Tages führte ihn sein Weg zu diesem Brunnen. Als er über dem Brunnen das Abbild des Mädchens sah, rief er: »Ach!« Die Wache verhaftete ihn und steckte ihn ins Gefängnis. Man gab ihm reichlich zu essen und ließ ihn nicht verhungern.

Kommen wir zum Gendarmen. Auch er war, als man ihn in Mädchenkleidern gesehen hatte, aus seinem Amt vertrieben worden, und auch er irrte umher auf der Suche nach Arbeit. Sein Weg führte ihn ebenfalls zu diesem Brunnen. Auch ihn nahm, kaum hatte er »Ach!« gerufen, die Wache fest und steckte ihn ins Gefängnis.

Zwei oder drei Tage später sah der Arzt, als er in diese Stadt kam, um einen Kranken zu heilen, gleichfalls das Ebenbild des Mädchens und rief: »Ach!« Wie die anderen steckte man auch ihn ins Gefängnis.

Kommen wir zu den drei Fischern: In jenem Jahr gab es keine Fische. Als sie in diese Stadt kamen, um hier Arbeit zu suchen, tranken sie Wasser am Brunnen, sahen das Bildnis des Mädchens und riefen alle drei gemeinsam: »Ach!« Der Posten nahm auch sie fest und steckte sie ins Gefängnis. Der Sultan rief den Gefängniswärter zu sich und sagte: »Gebt ihnen gute Speise und gutes Lager!«

Am selben Tag rief er seine Wesire zusammen und sagte zur Wache: »Bringt mir den Mann her, den ihr als ersten verhaftet habt!« Als der Mann vorgeführt wurde, sagte er zu ihm: »Warum hast du ›Ach!‹ gerufen, als du das Bildnis beim Brunnen betrachtet hast?« Der junge Mann erzählte dem Sultan alles, was ihm widerfahren war. Der Sultan hieß ihn sich auf einen Stuhl setzen und sagte zur Wache: »Führt den zweiten vor!« Man führte ihn herbei. Der Sultan fragte ihn: »Warum hast du ›Ach!‹ gerufen. Sage es mir oder ich lasse dich hängen!« Der Imam sprach: »Als ich auf dem Minarett zum Gebet rief, habe ich ein Mädchen gesehen und mich in sie verliebt. Das Mädchen hat mir einen Streich gespielt, sie hat mich in eine Grube fallen lassen und mir die eine Hälfte meines Bartes abrasiert.

Ich konnte nicht länger Imam bleiben in jenem Land. Mein Weg hat mich hierher geführt. Als ich Wasser trank, habe ich ein Porträt gesehen, das jenem Mädchen ähnelte: Deshalb habe ich ›Ach!‹ gerufen.« Sogleich ließ das Mädchen den Henker rufen und sagte zu ihm: »Schneide rasch diesem Manne den Kopf ab!« Und man schnitt dem Imam den Kopf ab. Der Sultan forderte von der Wache den dritten Gefangenen. Auch dieser erklärte: »Ich war Gendarm, ich ging im Dorf umher. An einem Ort traf ich drei Männer, die sich nicht über ein Mädchen einigen konnten. Ich habe das Mädchen weggeführt und bin davongeritten.

Aber das Mädchen hat mir übel mitgespielt: Sie hat mir mein Gewand und meine Waffen weggenommen und ist auf meinem Pferd davongeritten, während sie mich zurückließ. Als man mich so als Mädchen gekleidet sah, jagte man mich aus der Gendarmerie fort. Das Bild, das am Brunnen hängt, ähnelte jenem Mädchen; deshalb also habe ich ›Ach!‹ gerufen.« Auch diesem ließ der Sultan den Kopf abschneiden. Danach ließ er von der Wache den vierten Gefangenen rufen. Auch diesen fragte er: »Warum hast du ›Ach!‹ gerufen?« Er antwortete: »Ich war Arzt. Man brachte mir ein verletztes Mädchen, damit ich es heilen möchte. Als ich sie geheilt hatte, liebte ich sie. Ich sagte zu ihr: ›Sei mein!‹ Aber sie verschwand aus dem Zimmer. Ich habe das Bildnis mit jenem Mädchen in Verbindung gebracht: Deshalb also habe ich ›Ach!‹ gerufen.« Auch diesem ließ der Sultan den Kopf abschneiden. Man rief die drei Männer auf, die als fünfte festgenommen worden waren. Man stellte ihnen dieselbe Frage wie den Vorgängern. Sie antworteten: »Als wir zum Fischfang ans Ufer des Meeres gingen, sahen wir eine Kiste; wir hofften auf einen wertvollen Fund und öffneten sie, ein Mädchen stieg heraus. Wir konnten nicht entscheiden, wem sie gehören sollte. Ein Gendarm ritt vorbei, er nahm uns das Mädchen weg und machte sich auf und davon. Wir haben das Porträt mit dem Mädchen verglichen, deshalb also haben wir ›Ach!‹ gerufen.«

Der Sultan fragte die Wesire: »Was habt ihr von diesem Urteil verstanden?« Die Wesire antworteten: »Wir haben nichts verstehen können.« Der Sultan sagte: »Sehr gut. Was habt ihr davon verstanden, daß ich diese Köpfe habe abschneiden lassen?« Die Wesire entgegneten abermals, daß sie nichts hätten verstehen können. Da ging der Sultan also in sein Gemach, zog dort wieder seine Mädchenkleider an, kam zurück und setzte sich wieder auf seinen Thron. Erneut fragte er die Wesire: »Gerade eben war ich noch ein Sultan; nun bin ich ein Mädchen geworden. Was habt ihr davon verstanden?« Die Wesire antworteten abermals, daß sie nichts hätten verstehen können. Da erzählte ihnen das Mädchen alle ihre Abenteuer und sprach: »Dieser, der hier sitzt, ist mein Mann. Diese drei Männer hier haben mir das Leben gerettet.« Sie machte ihren Mann zum Sultan und die drei Fischer zu Wesiren. Sie selbst war forthin die Frau des Sultans.

Das Märchen von dem Kristallkiosk

Einmal lebte ein Padischah. Wie viele Kinder er auchgehabt hatte, kein einziges blieb am Leben. Eines Tages kam wieder ein Mädchen zur Welt, der Padischah versammelte die Ärzte und die Hodschas und ließ das Mädchen untersuchen. Die Ärzte antworteten: »Wünscht Ihr, daß dieses Mädchen am Leben bleibt, so laßt unter der Erde eine Höhle erbauen, wo sie aufwachsen möge, denn wenn sie über der Erde bleibt, stirbt auch sie wie die vorigen.« Als der Padischah dies hörte, gab er sofort Befehl, ließ nach dem Rat der Ärzte und Hodschas eine Höhle bauen, die oben ein Fenster hatte, und legte das Mädchen dort hinein. Das Mädchen wuchs dort bei ihren Ammen auf; und obwohl sie schon vierzehn Jahre alt war, wußte sie nichts von der Welt.

Eines Tages stapelte sie in der Höhle alle Kisten, Stühle und was sonst noch dort war aufeinander, kletterte darauf und schaute zum Fenster der Höhle hinaus. Soweit ihre Augen schauen können, sieht sie ein Meer, und während die Sonne scheint, glänzt alles in hellem Licht: »Vaj, wenn diese Welt einen Boden hat,so hat sie auch eine Decke, ich bleibe hier nicht länger«, und sie sagt zu ihrer Amme: »Sag meinem Vater, entweder soll er mich hier herausholen, oder ich töte mich.« Die Amme ging und berichtete dies dem Padischah. Der Padischah befragte wieder die Ärzte, sie untersuchten wieder das Mädchen: »Eh, es ist schon keine Gefahr, sie soll herauskommen.« Jetzt nahm die Amme die Sultana und führte sie in den Rosengarten. Dieser Garten war am Meeresstrande. Dem Mädchen erschien das Meer hier noch schöner und sie freute sich deshalb sehr. Dann ging sie geradewegs zu ihrem Vater: »Vater, laß mir in der Mitte des Meeres einen Kristallkiosk bauen.« Der Padischah hatte in der weiten Welt nur dieses Kind und liebte es sehr; er gab ihrem Wunsch nach, ließ sofort die Kristallarbeiter rufen und befahl, einen Kiosk zu bauen. Die Kristallarbeiter fingen gleich mit der Arbeit an und beendeten sie in einem Jahr. Dann verständigten sie den Padischah, er kam zum Meeresufer und erblickte einen solchen Kiosk, daß, wenn die Sonne schien, alles in hellem Licht erglänzte und vom Schauen die Augen geblendet wurden. Der Padischah sagte zum Mädchen: »Meine Tochter, der gewünschte Kiosk ist fertig, nimm aus dem Seraj einige Sklavinnen, geh und wohne dort.« Nachdem das Mädchen die Hand ihres Vaters geküßt hatte, nahm sie aus dem Seraj achtzehn ihr ähnliche junge, schöne Sklavinnen mit sich, zog mit ihnen in den Kiosk mitten auf dem Meer und verbrachte ihre Zeit bei Tag und Nacht mit Glück und Wohlsein.

Der Ruhm des Kiosks verbreitete sich in alle Richtungen: Viele kamen und besichtigten den Kiosk. Eines

Tages hörte auch der Sohn des Padischah von Jemen davon, und er war begierig zu erfahren, was es eigentlich sei. Er bat seinen Vater um Erlaubnis, gehen und diesen Kiosk anschauen zu dürfen; der Vater erlaubte es ihm. Der Schehzade bestieg ein Schiff und machte sich mit einigen Gefährten auf den Weg. Nachdem sie zwei bis drei Monate lang auf dem Meere herumgefahren waren, erblickten sie eines Tages von weitem eine wunderbare Sache, dessen Licht die ganze Welt einschloß. »Das kann nur der Kiosk sein«, sagten sie, und nachdem sie einige Tage gefahren waren, erreichten sie den Kiosk und umfuhren ihn von allen Seiten. Da sie so etwas in ihrem Leben nicht gesehen hatte, blieb ihr Mund von Staunen offen. Endlich wurde es Abend, und der Schehzade ankerte vor dem Kiosk und ließ sich an Deck nieder.

Gehen wir zum Mädchen. Das Mädchen öffnete am Abend das Fenster des Kiosks, und als sie auf das Meer schaute, erblickte sie dort das Schiff: »Wem gehört denn dieses?«, fragte sie und erblickte an Bord den Schehzade; sie sah, daß er ein dem Mond am vierzehnten ähnlicher Jüngling war und verliebte sich sofort in ihn; als der Schehzade das Mädchen ebenfalls erblickte, fiel er um und wurde ohnmächtig. Das Mädchen seufzte, und aus ihrem Auge floß statt Tränen Blut, und ein Tropfen fiel auf das Gesicht des Schehzade. Der Schehzade kam davon zu sich und sah, daß die Tränen, die aus dem Auge des Mädchen flossen, Blut waren. Sofort stand er auf und rief dem Mädchen zu: »Siehe mein Schiff! Siehe Jemen! Setzt die Segel!« Er ließ den Anker lichten und segelte davon. Er fuhr, bis er eines Tages wieder Jemen erreichte, und blieb in seinem Lande. Während dies geschah, weinte das Mädchen fortwährend. Schließlich stand sie auf und ging zu ihrem Vater: »Vater, ich verlange von dir ein Schiff, dessen Inneres mit Edelsteinen ausgelegt ist, sowie vierzig junge Schiffsleute, gibst du mir dieses nicht, werfe ich mich ins Meer.« Der Padischah hatte seine Tochter sehr lieb: »Sehr gut, meine Tochter, ich verderbe deine Lust nicht, was du wünscht, mache ich«, sagte er, gab Befehl und ließ von Goldarbeitern in zwei Jahren mit großer Mühe ein Schiff bauen; das Mädchen nahm vierzig Sklavinnen mit sich auf das Schiff, dazu vierzig Ruderssklaven, küßte die Hand ihres Vaters, stieg auf das Schiff, gab einundzwanzig Kanonenschüsse ab und machte sich auf den Weg. Sie selbst war auf dem Schiff der Kapitän und die Sklaven die Matrosen, und so setzten sie den Weg fort.

Sie fuhren, bis sie eines Tages nach Jemen gelangten, wo sie vor dem Hafen Anker warfen. Als der Wesir das Schiff dort erblickte, verständigte er den Padischah, der Padischah schickte seinen Lala hin: »Geh', schau an, was das für ein Schiff ist, dann komm' und verständige mich.« Der Lala stieg in einen Kahn und kam geradewegs zum Schiff. Als das Mädchen den Lala kommen sah, kleidete sie die Matrosen von Kopf bis Fuß in rote Kleider; diese gingen dem Lala entgegen und führten ihn geradewegs in die Kapitänskajüte. Das Mädchen hatte Männerkleider angezogen, sie empfing den Lala, sie setzten sich nieder und unterhielten sich. Kurz darauf stand der Lala auf: »Mein Herr, unsere Freundschaft genügt nicht, gib mir die Möglichkeit, unseren

Padischah zu verständigen«; das Mädchen sagte: »Sehr gut« und erlaubte es dem Lala. Der Lala ging geradewegs zum Padischah: »Mein Herr, dieses Schiff ist der Besichtigung wert, sein Inneres ist ganz aus Edelsteinen und Diamanten, der Besitzer des Schiffes ist der Sohn eines reichen Mannes; nur zu seinem Vergnügen ging er auf Reisen.« Der Padischah wünschte das Schiff anzuschauen, er stieg also in einen Kahn, und als das Mädchen ihn auf das Schiff zukommen sah, kleidete sie alle Matrosen in grüne Kleider und ging ihm selbst entgegen. Als der Padischah zum Schiff kam, empfing sie ihn, führte ihn in ihre Kajüte und beehrte ihn dort. Als der Padischah das Schiff erblickte, staunte er, dann fuhr er zurück und ging in sein Seraj. Der Schehzade hörte auch von diesem Schiff, auch er stand auf und stieg in einen Kahn, um zum Schiff zu fahren. Als das Mädchen jetzt den Schehzade kommen sah, kleidete sie alle Matrosen in gelbe Kleider, und als der Kahn des Schehzade am Schiff anlegte, ging das Mädchen ihm entgegen, führte ihn in ihre Kajüte, und sie setzten sich nieder. Sie begannen zu plaudern, der Schehzade fragte das Mädchen zart und höflich, wer sie sei, das Mädchen verriet sich aber nicht; der Schehzade konnte sein Auge nicht vom Mädchen abwenden. Endlich wurde es Abend. Der Schehzade stand hilflos auf und ging in das Seraj.

Gehen wir jetzt zum Mädchen. Nachdem der Schehzade das Schiff verlassen hatte, ging es am Strande vor Anker; dem Seraj gegenüber mietete das Mädchen einen Konak, alle Matrosen gingen dorthin und ließen sich dort nieder. Am nächsten Tag kam der Schehzade zum Ankerplatz und fand keine Spur vom Mädchen und der Besatzung. »Oh weh, wohin sind sie gegangen?«, fragte er seinen Lala. Sein Lala erwiderte: »Gegenüber dem Seraj haben sie einen Konak gemietet, dort wohnen sie«, und der Schehzade freute sich sehr darüber. Dann ging der Schehzade in sein Seraj, setzte sich ans Fenster, schaute auf den Konak und erblickte hinter dem Fenster das Mädchen; es war dasselbe, das er im Kristallkiosk gesehen hatte: »Ist denn dies jenes Mädchen, oder ist es die Gemahlin des Kapitäns?«, fragte er sich und überlegte. Als auch das Mädchen den Schehzade erblickte, ließ sie den Vorhang herab, und obwohl sie sich vor ihm nicht mehr blicken ließ, verliebte sich der Schehzade in das Mädchen; in dieser Nacht konnte er nicht einschlafen, und er weinte bis zum Morgen. Am Morgen konnte er sich nicht zurückhalten, er ging zu seiner Mutter und sagte zu ihr: »Gegenüber im Konak habe ich ein Mädchen gesehen, ich weiß nicht, ob sie noch ein Mädchen oder eine Frau ist; wer sie auch ist, vor Liebe zu ihr kam diese Nacht kein Schlaf auf meine Augen, nimm diese Diamantpantoffeln und bring' sie ihr als Geschenk; sie möge sich mir noch einmal am Fenster zeigen, sonst töte ich mich aus Schmerz.« Was kann eine Mutter machen, sie hatte ja auch in der ganzen Welt nur diesen Sohn? Sie wollte sein Leiden beenden, nahm deshalb die Pantoffeln und ging in den Konak des Mädchens. Nach der Begrüßung zog sie die Pantoffeln hervor und gab sie dem Mädchen: »Diese schenkt dir der Schehzade, zeig' dich ihm dafür noch einmal am Fenster, sonst tötet er sich aus Schmerz«, bat sie. Das Mädchen nahm die

Pantoffeln, gab sie in der Küche dem Hauptkoch und sprach kein einziges Wort. Die Mutter des Schehzade saß und saß und sah, daß sie keine Antwort erhielt; sie stand voll Zorn auf und ging zum Schehzade: »Ich habe ihr die Diamantpantoffeln gegeben, und sie hat sie ihrem Koch geschenkt; kein Wort hat sie zu mir gesprochen; wie sehr du auch leidest, ich gehe nicht mehr zu einer solchen Person.«

Als der Schehzade dies hörte, ging er in sein Zimmer und weinte bis zum Morgen. Am Morgen kam er zu seiner Mutter: »Mein Mütterchen, wenn etwas geschehen kann, so nur durch dich; such' ein Hilfsmittel, sonst töte ich mich.« Was sollte die Frau machen, ihr waren von ihrer Mutter eine Reihe Perlen geblieben, die zu jener Zeit nirgends zu finden waren. Sie nahm diese Perlen, ging wieder in den Konak des Mädchens, und nachdem sie mit ihr gesprochen hatte, sagte sie: »Der Schehzade schickt dir diese Perlen und läßt dich grüßen.« Das Mädchen nahm die Perlen. Sie hatte in einem hängenden Käfig einen Papagei und gab dem Vogel statt Essen die Perlen; der Vogel zerbrach die Perlen mit dem Schnabel und fraß sie auf. Die Mutter des Schehzade wurde darauf böse: »Schau' einmal her, in der ganzen Welt sind solche Perlen nicht zu finden; du kannst den Wert nicht ermessen und läßt sie von einem Vogel auffressen.« Dann stand sie auf und kehrte in den Seraj zurück. Der Schehzade fragte: »Was ist, was für Nachricht bringst du?« Seine Mutter antwortete: »Ah, mein Sohn, ich brachte ihr die von meiner Mutter zur Erinnerung erhaltenen Perlen, die gab sie vor meinen Augen dem Papagei und ließ sie auffressen; ich weiß nicht, was mit uns geschehen wird.« Der Schehzade tröstete seine Mutter: »Gib nichts darauf, was sie macht, sie ist unwissend; da ihr Verstand nicht ausreicht, hat sie so gehandelt.« Auch diese Nacht verbrachte der Schehzade weinend. Am Morgen kam er zu seiner Mutter: »Ei, Mütterchen, ich habe einen Koran, trage ihn zu ihr, vielleicht erbarmt sie sich aus Achtung vor diesem«; seine Mutter sagte: »Sehr gut«, nahm den Koran und ging in den Konak. Sie ging in das Zimmer des Mädchens, übergab das Buch, das Mädchen nahm es, küßte es und legte es auf ein Regal. Als die Mutter des Schehzade dies sah, ermutigte sie sich: »Ach, meine Tochter, der Schehzade weint deinetwegen Tag und Nacht, zeig' ihm doch ein einziges Mal deinen Liebreiz.« Das Mädchen erwiderte: »Ei, Mutter, ich kann mich wegen einer solchen unbedeutenden Sache nicht zeigen; ich sage dir die Wahrheit. Läßt dein Sohn eine goldene Brücke bauen und die beiden Seiten mit Rosen schmücken, dann mag er bei der Brücke sein Bett machen und sich hineinlegen; ich komme von der anderen Seite der Brücke, von dort kann er mich sehen.« Als die Frau dies hörte, stand sie auf, ging zum Schehzade und erzählte, was das Mädchen gesagt hatte. Der Schehzade ließ voll Freude nach dem Wunsch des Mädchens eine Brücke bauen, und nachdem diese fertig war, ließ er an einer Seite sein Bett machen, legte sich darauf und wartete auf das Kommen des Mädchens.

Das Mädchen zog sich jetzt an, umgürtete sich, und als sie zur Brücke kam, stach sie sich einen Rosendorn in ihre Wange. »Ach, mein Gesicht«, sagte sie und kehrte um. Als der Schehzade hörte, daß das Mädchen zurückgegangen war, kam er zu seiner Mutter: »Liebe Mutter, was sollen wir tun; ich habe das Mädchen nicht sehen können, geh', such noch einmal nach einem Hilfsmittel.« Die Frau stand wieder auf und ging in den Konak: »Meine Tochter, warum hast du dich dem Schehzade nicht gezeigt und bist zurückgegangen?« Das Mädchen sagte: »Als ich ging, wurde mein Gesicht von einem Dorn verletzt; ich wünsche weder deine Brücke noch den Schehzade zu sehen.« Die Frau erwiderte: »Ach, meine Tochter, du findest immer eine Ausrede; willst du dich zeigen, so zeig' dich, willst du dich nicht zeigen, so sag' es offen, daß mein Sohn sich nicht umsonst quälen muß.« Das Mädchen sagte: »Mutter, soll ich dir die Wahrheit sagen? Der Schehzade soll wieder eine solche goldene Brücke bauen und an einer Seite der Brücke sein Grab errichten lassen und hineingehen. Wenn er stirbt, dann komme ich und setze mich an sein Kopfende; dann mag er bis zum Sattwerden schauen.« Als die Frau diese Rede hörte, ärgerte sie sich wieder, stand auf, ging in das Seraj und sagte zum Schehzade: »Mein Sohn, von dieser Ausgelassenen kommt dir nichts Gutes; während du lebst, wünscht sie mit Gewalt deinen Tod.« Und sie erzählte, was das Mädchen gesagt hatte. Der Schehzade sagte: »Nur einmal will ich sie mit lebendigen Augen sehen, dann geschehe, was mag«, und ließ dem Wunsche des Mädchens gemäß eine Brücke bauen, grub an deren Kopf ein Grab, ging hinein und wartete auf das Kommen des Mädchens.

Kommen wir jetzt zum Mädchen. Sie ließ in dieser

Nacht das Schiff bereitstellen und alles, was im Konak war, aufladen; das Schiff war zur Abfahrt bereit. Als es Morgen wurde, kam das Mädchen zur Brücke, die der Schehzade hatte errichten lassen, dann kam sie zum Grab des Schehzade und beugte sich hinein: »Ei, mein Schehzade. Hier mein Schiff! Hier der Kiosk! Setzt die Segel!« So rief sie, wandte sich um, ging geradewegs zum Schiff und machte sich auf den Weg.

Der Schehzade kam aus seinem Grab heraus und sah, daß das Schiff schon auf offener See fuhr, kaum noch sichtbar: »Was habe ich gemacht?« fragte er und kam geradewegs zu seiner Mutter: »Mutter, ich selbst bin Schuld daran, von nun an sei es mir verboten, hier zu bleiben; ich muß unbedingt zu meiner Geliebten«, sagte er, küßte ihre Hand, ging dann zu seinem Vater und bat ihn um Erlaubnis. Als er aus dem Seraj herauskam, bestieg er ein Schiff und machte sich auf den Weg. Er fuhr wenig, er fuhr viel, bald sank er zum Boden des Meeres, bald stieg er zum Himmelsgewölbe, und eines Tages erreichte er den Kiosk des Mädchens. Dort ankerte er und ging in den Kiosk. Als das Mädchen ihn sah, ging sie mit allen ihren Sklavinnen dem Schehzade entgegen und führte ihn hinauf: »Ach, meine Sultana, ist es nicht schade um mich, daß du mir so viel Kummer bereitetest und so ein Spiel triebst?« Das Mädchen antwortete: »Ja, hast du vergessen, was du mir angetan hast? Als Mädchen habe ich so viel Übel erfahren, das ich dir zurückgab.« Und sie erzählten einander, was mit ihnen geschehen war. Dann ging das Mädchen zu ihrem Vater, erzählte alles, was mit ihr geschah, der Vater verlobte mit Freude am folgenden Tage seine

Tochter mit dem Schehzade; nach einem vierzig Tage und vierzig Nächte dauernden Hochzeitsfest, nach Bajram, am einundvierzigsten Freitag, wurde er Bräutigam. Beide kamen zusammen, gingen ihrem Glück entgegen, und das Märchen ist auch aus.

Der Vater und seine sechs Töchter

Vor langer Zeit lebte irgendwo in einer kleinen Stadt mehr schlecht als recht ein armer Mann mit seinen sechs Töchtern. Und die Tage vergingen...

Eines Tages betrat der Mann das heimatliche Café. Als er sich niedergesetzt hatte, rief einer der Gäste zu ihm hinüber:

»Seht, da kommt der Vater von den sechs Gänschen.« Derart verspottet, errötete unser Mann vor Scham bis unter die Haarwurzeln und brachte kein Wort mehr heraus. Es ging ihm nicht mehr aus dem Sinn, daß man ihn so beleidigt hatte. Selbst zu Hause mußte er noch daran denken. Seine älteste Tochter kam und fragte:

»Vater, was bekümmert dich denn so?«

»Nun ja, der und der hat eben das und das zu mir gesagt.«

»Hört euch das an, worüber sich unser Vater Sorgen macht... Und ich dachte, irgend jemand hätte um meine Hand angehalten.«

Als der Mann diese Worte vernahm, war es nicht mehr nur eine Sorge, die ihn bedrückte, sondern zwei.

Das, was er an jenem Tag erlebt hatte, widerfuhr ihm in den darauffolgenden fünf Tagen immer wieder: Er ging ins Café, derselbe Mann grüßte und sagte:

»Schaut hin, da kommt der Vater von den sechs Gänschen.« Und er, er konnte nicht widersprechen. Kam er dann nach Hause, fragte ihn jedesmal eine seiner Töchter nach dem Grund seines Kummers, und wenn er es ihnen erzählte, erhielt er jedesmal dieselbe Antwort:

»Und ich dachte, es handelte sich um meine Heirat...«

Die Antworten seiner Töchter betrübten ihn noch viel mehr. Als er am sechsten Tag nach Hause kam, war es seine jüngste Tochter, die ihn fragte:

»Was hast du denn für Sorgen, lieber Vater?«

»Ach ja, liebe Tochter, die Sache ist eben so und so...« und er erzählte auch ihr die ganze Geschichte.

»Mach dir nicht länger solche Sorgen, lieber Vater«, sagte das Mädchen. »Morgen abend, wenn du wie gewöhnlich ins Café gehst, und der Mann wie immer zu dir sagt: ›Seht, da kommt der Vater von den sechs Gänschen!‹ antwortest du ihm:

›Guten Tag, du Vater von sechs Speichelleckern!‹«

Der andere Mann hatte in der Tat nämlich sechs Söhne.

Der Vater der Töchter ging am nächsten Abend wieder ins Café, und wieder verspottete ihn der andere:

»Schaut hin, da kommt der Vater von den sechs Gänschen!«

»Guten Tag, du Vater von sechs Speichelleckern!« antwortete ihm unser Mann.

»Ha, aber meine sind männlich, und nur Männer sind imstande, den goldenen Apfel vom Sohn des Bej zu holen. Deine Töchter hingegen ...«

Auf diese Worte wußte der Vater der Töchter keine passende Antwort und ging nachdenklich und bekümmert nach Hause.

»Na, wie wars, lieber Vater?« fragte die Jüngste.

»Ach ja, er hat wie üblich zu mir gesagt: ›Schaut hin, da kommt der Vater von den sechs Gänschen! ‹ Ich habe ihm geantwortet: ›Guten Tag, du Vater von sechs Speichelleckern!‹ Daraufhin erwiderte er: ›Meine Speichellecker sind wenigstens männlich, und nur Männer sind imstande, den goldenen Apfel vom Sohn des Bej zu holen. Und deine Töchter, was machen die?‹ Das hat er zu mir gesagt, und mir fiel darauf keine passende Widerrede ein.«

»Mach dir keine Sorgen, lieber Vater. Ich werde mich des goldenen Apfels bemächtigen. Geh morgen abend ins Café, und wenn dich der Mann nochmals herausfordert, antwortest du ihm:

›Die jüngste meiner Töchter kann ebensogut den goldenen Apfel holen wie deine Söhne.‹ Gebe ja nicht klein bei und scheue dich nicht, eine große Summe zu wetten. Wenn Allah es will, wirst du dich meiner nicht schämen müssen.«

Am nächsten Abend zog der Vater der Töchter aus, um seinen Widersacher zu treffen. Alsbald entstand ein Streit zwischen den beiden Männern, der so heftig wurde, daß sich auch die Zuhörer einmischten, und es kam zu einem großen Handgemenge. Die Streife mußte schlichten und brachte die beiden Männer ins

Gefängnis. Doch sie hörten auch dort nicht auf zu streiten. Keiner der beiden wollte nachgeben, und jeder pochte darauf, recht zu behalten.

So blieb nichts anderes übrig, als vor Gericht zu ziehen und ein Urteil zu verlangen. Nachdem sie ihr Anliegen vorgebracht hatten, vernahmen sie folgenden Richterspruch: Beide, der Sohn des einen wie die Tochter des anderen, sollen versuchen, den goldenen Apfel zu holen. Dann würde man schon sehen, wer recht und wer unrecht hat.

Das Mädchen schlüpfte in Männerkleider, und man gab ihr den Namen Ali Saghditch. Die Richter warnten den jungen Mann in aller Strenge, dem jungen Mädchen, in dessen Gesellschaft er reisen sollte, auch nur ein Haar zu krümmen. Schließlich brachen die beiden Konkurrenten auf, jeder auf einem Pferd.

Der junge Mann nannte ab jetzt seine Gefährtin in diesem Abenteuer nur noch bei ihrem Männernamen und sagte immer und überall zu ihr:

»Ali Saghditch, hier entlang, Ali Saghditch, da entlang ...«

Sie reisten eine ganze Weile so, pflückten Tulpen und Hyazinthen, rauchten und tranken Kaffee dabei ...

Eines schönen Tages kamen sie an eine Brücke, die über einen Fluß führte. Ihre Pferde blieben stehen und weigerten sich, auch nur einen Schritt weiter zu gehen. Es war unmöglich, sie wieder in Trab zu bringen. In ihrer Verzweiflung beschlossen die jungen Leute kehrtzumachen. Das Mädchen sagte zu ihrem Gefährten:

»Warte nicht auf mich, ich komme sofort nach. Ich muß nur noch ein wenig ausruhen.«

So blieb sie einen Augenblick zurück. Da kam ihr plötzlich eine Idee.

»Das Pferd muß irgend etwas in der Nähe der Brücke gesehen haben, das ihm Angst eingejagt hat. Warum sollte es sonst stehenbleiben? Und wenn ich ihm die Augen verbinde?«

Gesagt, getan. Nachdem sie ihr Pferd ganz nahe an die Brücke herangetrieben hatte, zog sie diesem eins mit der Peitsche über, und das Roß machte einen Satz über die Brücke. Auf der anderen Seite hatte sich der junge Mann langsam auf den Rückweg gemacht und schaute sich gerade um, wo seine Gefährtin bliebe. Aber was sah er? Seine Gefährtin hatte das andere Ufer erreicht und war im Begriff davonzureiten. Er rief ihr nach. Das Mädchen winkte ihm zu, er solle ihr doch folgen. Der junge Mann lenkte sein Pferd wieder zurück und versuchte abermals die Brücke zu überqueren, aber sein Roß scheute in einem fort und blieb wie angewurzelt stehen. Sein Gebieter schlug es so sehr mit der Peitsche, daß das Tier verendete. Zu Fuß konnte er den Weg nicht fortsetzen, da dieser viel zu weit war. Er sah seine Begleiterin verschwinden, drehte um und machte sich verlegen auf den Heimweg, den Sattel seines Pferdes auf dem Rücken.

Das Mädchen ritt noch lange, bis es dämmerte. Als es Nacht wurde, erblickte sie am Horizont ein kleines Dorf, das nur aus ein paar Häusern bestand. »Dort werde ich die Nacht verbringen«, sagte sie sich.

Als sie dort ankam, sah sie eine alte Frau vor ihrer Haustüre sitzen. Es war eine arme Frau, ganz allein, sie hatte weder Kinder noch einen Ehemann.

»Großmutter, ich bin ein Bote Gottes, würdest du mich für diese Nacht beherbergen?« bat sie.

»Gerne, meine Tochter«, antwortete die Alte.

Das Mädchen erzählte ihr seine Geschichte. Sie vertraute ihr auch das Ziel ihrer Reise an, nämlich den goldenen Apfel vom Sohn des Bej zu holen. Daraufhin gab ihr die gute Frau einen Pudel und ein Stückchen Hefe.

»Trenne dich niemals von diesem Hund«, sagte sie, »... und jetzt höre gut zu, was ich dir zu sagen habe: Wenn du noch eine Weile reitest, kommst du an ein Meer. Dort läßt du die eine Hälfte der Hefe fallen, und das Meer wird sich teilen und dir einen schmalen Pfad freigeben. Hast du dieses Hindernis überwunden, gelangst du ohne weitere Schwierigkeiten in das Land des Bej-Sohnes. Aber paß auf, daß du die andere Hälfte der Hefe nicht verlierst.«

»Ist gut, Großmutter«, antwortete das junge Mädchen, »ich werde alles so ausführen, wie du mir geraten hast.«

Dann machte sie sich auf den Weg und erreichte tatsächlich ein Meer. Dort ließ sie die Hälfte der Hefe fallen. Kurz darauf begann sich das Meer zu teilen und gab einen schmalen Pfad frei, auf dem Ali Saghditch das Meer durchqueren konnte. Als sie das andere Ufer erreicht hatte, schloß sich das Meer wieder. Direkt vor ihren Augen erhob sich ein großer Palast, und der Sohn des Bej ging vor dessen Tor spazieren. Er, seinerseits, betrachtete voll Erstaunen diesen Kavalier von außergewöhnlicher Schönheit, der sich – einen Pudel an seiner Seite – dem Palast näherte ... Der Sohn des Bej trat vor den Reisenden hin; nachdem er ihn nach der Sitte seines Landes willkommen geheißen und ihn mit Komplimenten überschüttet hatte, fragte er ihn nach seinem Namen.

»Mein Name ist Ali Saghditch«, sagte das Mädchen.

Der Sohn des Bej lief zu seiner Mutter.

»Mutter«, sagte er, »wir haben Besuch bekommen von einem gewissen Ali Saghditch, dessen Antlitz den Liebreiz eines Mädchens besitzt... Seine Schönheit bezaubert mich. Man könnte ihn für ein Mädchen halten. Was kann ich machen, um herauszufinden, ob es ein Mädchen ist oder nicht?«

»Nichts leichter als das«, antwortete die Mutter. »Lege ihm, bevor er heute abend zu Bett geht, Rosenblüten unter die Bettlaken. Wenn es ein Mädchen ist, hat es mehr Wärme als ein Junge und wird alle Blütenblätter schnell zum Welken bringen. Dann wissen wir, ob es ein Mädchen ist.«

Der Pudel von Ali Saghditch hatte die Unterhaltung mitangehört. Da das Tier die menschliche Sprache verstand, warnte es sofort seine Herrin.

Der Sohn des Bej bediente seinen Gast persönlich und überließ nichts den Dienern. Als dann die Schlafenszeit immer näher rückte, sagte er zum Mädchen:

»Ali Saghditch, es ist Zeit zum Schlafengehen. Geh dich waschen, danach kannst du ins Bett gehen.«

Nachdem das Mädchen das Zimmer verlassen hatte, legte er Rosenblüten unter seine Bettlaken und zog sich zurück. Aber Ali Saghditch ging nicht ins Bett. Nachdem sie die Bettlaken ein bißchen in Unordnung gebracht hatte, blieb sie die ganze Nacht wach und rauchte Zigaretten.

Der Sohn des Bej kam schon früh am Morgen, um nachzusehen, ob Ali Saghditch schon wach und bereits angezogen sei. Das Bett und die Laken wurden weggeräumt ...

Doch die Rosenblüten waren noch genauso frisch wie am Abend zuvor.

Wieder ging der junge Mann zu seiner Mutter und erzählte ihr, was geschehen war.

»Was machen wir jetzt?« fragte er.

»Wir kriegen schon heraus, ob es ein Mädchen ist«, antwortete seine Mutter. Du machst einfach folgendes: Nimm sie mit auf den Markt. Auf dem Weg gibst du ihr einen kräftigen Stoß mit dem Ellenbogen. Ist es ein Mädchen, werden ihr sofort die Tränen kommen, denn Mädchen vertragen keinerlei Handgreiflichkeiten. Auf dem Markt angekommen, führst du sie am besten zu den Goldschmieden und Juwelieren. Ist es ein Mädchen, werden sie die Schmuckstücke magisch anziehen, und sie wird etwas kaufen wollen.«

Der Sohn des Bej tat, wie ihm gesagt wurde. Auf dem Weg zum Markt gab er seinem Gefährten einen fürchterlichen Kinnhaken. Ali Saghditch verlor dabei einen Zahn. Flugs zog sie eine Perle aus ihrer Hosentasche, setzte sie in die Zahnlücke und sagte:

»Macht nichts, komm, gehen wir weiter.«

Sie setzten ihren Weg fort und kamen zu den Juwelieren, doch dort gefiel es Ali Saghditch nicht.

»Was wollen wir denn ausgerechnet hier? Zeig mir lieber den Messerverkäufer«, sagte sie, »ich habe nämlich mein Messer auf der Reise verloren und möchte ein neues kaufen.«

Sie gingen also zum Messerverkäufer, und Ali Saghditch kaufte ein wunderschönes Messer, das sie am Gürtel befestigte. Dann kehrten sie in den Palast zurück. Der junge Mann erzählte alles seiner Mutter...

»Ach, und ich hätte so gerne gewußt, wer er ist? Ob es ein Mädchen oder ein Mann ist?« sagte er.

Daraufhin sagte seine Mutter zu ihm:

»Nun, mein Sohn, da bleibt nur noch eins. Nimm sie mit ins Bad, danach wirst du keine Zweifel mehr haben.«

Der Sohn des Bej eilte zu dem Mädchen.

»Ali Saghditch«, sagte er, »wie wär's, wenn wir ins Hammam gingen?«

»Sehr gerne«, antwortete sie. »Daran habe ich auch gerade gedacht. Ich habe noch den ganzen Straßenstaub in den Kleidern und auf der Haut. Es ist wirklich an der Zeit, daß ich mich einmal wasche, wie es sich gehört.«

Also gingen sie ins Hammam. In der Umkleidekabine zog sich der Sohn des Bej rasch aus. Ali Saghditch jedoch zögerte. Der junge Mann drängte sie und sagte:

»Komm doch, schnell...«

»Ah! Dieser verdammte Schneider«, kam die Antwort, »mir so ein unbequemes Gewand zu nähen... Und dann diese Knopflöcher... sie sitzen so eng nebeneinander, daß das Aufknöpfen die reinste Qual ist... Geh schon vor und warte nicht auf mich, ich komme gleich nach.«

Nachdem also der Sohn des Bej vorausgegangen

war, nahm Ali Saghditch ohne zu zögern den goldenen Apfel aus seiner Westentasche. Dann schrieb sie noch ein paar Zeilen auf ein Stück Papier, das sie an Stelle der wundervollen Frucht zurückließ. Unverzüglich sprang sie in den Sattel und ritt, so schnell es ging, davon.

An der Meeresküste angelangt, ließ sie die andere Hälfte der Hefe fallen, die ihr die alte Frau mitgegeben hatte. Das Meer teilte sich abermals und gab Ali Saghditch den Weg frei. Sie ritt unverzüglich zu der Alten, bedankte sich und gab ihr den Pudel zurück. Dann telefonierte sie mit ihrem Vater und ließ ihm die Nachricht zukommen, daß seine Tochter sich des goldenen Apfels des Bej-Sohnes bemächtigt habe. In ihrer Heimat bereitete man ihr einen herzlichen Empfang. Jeder kam, allen voran eine Musikkapelle mit den verschiedensten Instrumenten, und wollte sie sehen.

Schon aus einiger Entfernung zog das Mädchen den goldenen Apfel aus der Tasche, der unbeschreiblich funkelte und blitzte, und zeigte ihn der Menge. Man brachte das Mädchen zum Sitz des Statthalters. Und der Vater der sechs Söhne, den die Heldentat der jüngsten Tochter des von ihm so oft verspotteten Mannes völlig verwirrte, wurde ausgepfiffen.

Der Statthalter belohnte das Mädchen und seinen Vater fürstlich mit einer Leibrente. So wurde alles gut, und alle lebten in Freude...

Reden wir jetzt vom Sohn des Bej, den wir im Hammam gelassen haben. Er wartete lange, sehr lange, und niemand kam... Also stieg er aus dem

Wasser, um nachzusehen, was Ali Saghditch denn mache. Aber er fand ihn nicht, auch nicht in der Kabine, wo er ihn verlassen hatte. Er suchte in den anderen Umkleidekabinen, überall, aber keine Spur...

»Ich muß ihn gekränkt haben«, dachte er.

Er kleidete sich rasch an. Als er sein Taschentuch hervorzog, um sein Gesicht zu trocknen, fand er ein Stück Papier in seiner Tasche. Er las, was darauf geschrieben stand, doch was sollte das bedeuten?

Ich kam im Sommer und ging im Herbst;
als Jungfrau kam ich und als Jungfrau ging ich.

stand auf dem Papier. Und darunter die Adresse: Name, Tochter von dem und dem, im Staate so und so, in der und der Stadt und unter der und der Telefonnummer zu erreichen.

Der Sohn des Bej suchte weiter in seiner Westentasche und merkte plötzlich, daß der goldene Apfel verschwunden war. Schnell lief er nach Hause zu seiner Mutter.

Eine Hexe wurde gerufen... Im Garten des Bej tummelten sich immer ein Schwarm von Turteltauben und viele andere Vögel. Man fing zwei von den Turteltauben ein und gab sie der Hexe, zusammen mit der Adresse des Mädchens.

»Ihr fehlt ein Zahn, an dessen Stelle sitzt eine Perle, daran wirst du sie erkennen«, sagte der Sohn des Bej, »und gib ihr diese Turteltauben.«

Danach stieg die Hexe auf ihren Teppich und »schzzz«. Im Nu befand sie sich in der Heimat des Mädchens und ging schnurstracks zu dessen Haus. Als die anderen Schwestern die beiden Turteltauben erblickten, sagten sie zu der Alten:

»Großmutter, was hast du für schöne Vögel! Willst du sie uns nicht verkaufen?«

»Ich würde sie euch gerne geben, doch mit Geld kann ich nichts anfangen... Wer von euch am schönsten lacht, soll die Vögel bekommen«, antwortete ihnen die Alte.

Ja, und sie lachten, die Mädchen. Ihr Lachen hallte so sehr, daß die jüngste Schwester, die eine Etage darüber schlief, davon aufwachte. Sie kam hinunter, sah die Turteltauben und sagte zu der Alten:

»Was sind das für schöne Turteltauben: Sie sehen genauso aus wie die aus dem Garten des Bej, bitte verkauf sie mir, Großmutter?«

»Sie sind unverkäuflich, meine Tochter. Schenkst du mir dein schönstes Lachen, gebe ich sie dir.«

Also lachte das junge Mädchen und zeigte dabei alle seine Zähne, so daß die Alte die Perle entdeckte und das gesuchte Mädchen erkannte. Sie gab ihr die beiden Turteltauben und sagte:

»Du hast das schönste Lachen der Welt. Hier nimm die Vögel, meine Tochter. Aber hüte dich davor, beiden gleichzeitig zu fressen zu geben, denn sonst fliegen sie davon«, fügte sie hinzu und ging.

So gab das Mädchen einer Turteltaube zu fressen und ließ die andere darben. Spät in der Nacht sagte der satte Vogel zu seiner Gefährtin: »Komm, Schwester, laß uns davonfliegen.«

»Du hast gut reden, denn du bist satt, ich habe kein einziges Körnchen gegessen, ich bleibe...«

Allein wollte die eine nun auch nicht fort.

Und immer ließ das Mädchen eine der beiden Turteltauben darben. 40 Tage lang. Doch am 41. Tag gab sie aus Versehen beiden gleichzeitig zu fressen.

Um Mitternacht hoben die beiden Turteltauben das schlafende Mädchen aus ihrem Bett und trugen es zum Sohn des Bej. Der Bej-Sohn erwartete seine Heißgeliebte bereits mit offenen Armen. Die Turteltauben legten das Mädchen dem jungen Mann in den Schoß. Dieser brachte es nicht übers Herz, sie aufzuwecken, und hielt sie bis zum Morgengrauen in seinen Armen. Langsam ging die Sonne auf, und die Turteltauben und auch die anderen Vögel begannen zu gurren.

Das Mädchen, immer noch im Schlaf, glaubte zu träumen.

»Meine Schwestern«, sagte sie, »sie gurren wie die Turteltauben des Bej.«

Daraufhin rüttelte der Sohn des Bej sie sanft wach.

»Wach auf und schau, wo du bist«, sagte er.

Das Mädchen öffnete die Augen und staunte. Der Imam wartete bereits, und alles andere war ebenfalls schon zur Hochzeit vorbereitet. Man verlor keine Zeit und brachte die Formalitäten der Hochzeit so schnell wie möglich hinter sich ... Und danach feierten alle 40 Tage und 40 Nächte lang die Hochzeit.

Als Mitgift erhielten die Jungvermählten vom reichen Bej-Vater einen prächtigen Tuchladen. Von diesem Tag an lebten sie glücklich und zufrieden und sind es noch heute.

Moulay Hammâm, das Mädchen und die Ghoûle

Es war einmal ein Mann, der hatte sieben Töchter, und er wollte die heilige Pilgerfahrt nach Mekka unternehmen. Als er aufbrach, sagte eine jede seiner Töchter zu ihm: »Bring mir dies oder jenes als Geschenk mit«, und sie wünschten sich Schmuck, Kleider und Seidenstoffe.

Die siebte aber sprach zu ihm: »Bring mir den Moulay Hammâm ou 'Imâm mit«, dann ging sie zum Maultier ihres Vaters und sagte zu ihm: »Wenn mein Vater das vergißt, erinnere ihn an das, was ich mir wünsche.« Der Vater zog also fort, kam nach Mekka und trat später wieder den Heimweg an. Er trug alle Geschenke bei sich, welche sich die sechs Ältesten erbeten hatten, aber den Wunsch der letzten hatte er vergessen. Da weigerte sich das Maultier aufzustehen. Er schlug und zerrte es und holte einen Stachel aus der Tasche, um das Tier damit zu stechen, da fand er den Zettel, auf den seine siebte Tochter ihren Wunsch geschrieben hatte. Er sprach daraufhin zu seiner Dienerschaft: »Wartet hier auf mich. Ich gehe und hole den Moulay Hammâm ou 'Imâm.« Und er ging und ging solange, bis er in ein fernes Land kam. Da traf er einen Ghoûl. Und er nahm aus seiner Tasche eine Handvoll Mandeln und warf sie dem Ghoûl ins Maul. Da sagte der Ghoûl zu ihm: »Bei Allah, wäre deine Nahrung nicht deinem Gruß zuvorgekommen, die Berge hätten vom Krachen deiner Knochen widergehallt. Jetzt sage mir, was du in diesem Land willst: ich bin dein Diener.« – »Ich bin gekommen, um Moulay Hammâm ou 'Imâm zu holen.« – »Geh geradeaus. Du wirst meinen Bruder treffen, der größer ist als ich; er wird dir den Weg zeigen.«

Er ging weiter, traf den zweiten Ghoûl, warf ihm eine Handvoll Mandeln ins Maul, und auch dieser Ghoûl sprach zu ihm: »Wäre deine Speisung nicht deinem Gruß vorausgegangen, hätten die Berge vom Krachen deiner Knochen gedröhnt. Nun, was willst du? Ich bin dein Diener.« – »Ich suche den Moulay Hammâm ou 'Imâm.« – »Geh geradeaus; du wirst auf ein Dorf in den Bergen treffen, dieses Dorf nennt sich die Dechra des Olives. Du wirst dort einen Ghoûl treffen, der sieben Köpfe hat, und er wird dir weiterhelfen. Wirf dich auf ihn und küß ihm die Brust.«

Und er ging wieder weiter, traf den Ghoûl, warf sich auf ihn und küßte ihm die Brust, und der Ghoûl sprach zu ihm:

»Wenn dein Gruß meinem Gruß nicht zuvorgekommen wäre, hätte ich aus deinem Fleisch einen Bissen, aus deinem Blut einen Schluck gemacht, und deine Knochen hätte ich zwischen meinen Kiefern zermalmt. Und nun sag, was willst du? Für dein Vorhaben, das dich hierhergeführt hat, wird Gott Sorge tragen.« –

»Ich möchte dem Moulay Hammâm ou 'Imâm diesen Brief übergeben.«

Der Ghoûl nahm den Brief, trug ihn zum Empfänger, der ihm darauf als Antwort zwei Nüsse und eine mündliche Botschaft auftrug. Und als der Ghoûl die Nüsse dem Vater des Mädchens aushändigte, wiederholte er die Mitteilung: »Sage deiner Tochter, sie solle ihr Zimmer reinigen, ihr Bett herrichten und eine Nuß im Feuer verbrennen, sobald es Nacht wird.«

Da kehrte der Pilger nach Hause zurück; er trug die Nüsse bei sich und vergaß die Botschaft nicht.

Als er ankam, verteilte er an seine sechs Töchter die Geschenke, die er mitgebracht hatte. Zu der Jüngsten aber sagte er: »Reinige dein Zimmer, bereite dein Bett und verbrenne in der Nacht eine der Nüsse, und du wirst sehen, was du sehen wirst.« Als der Abend gekommen war, reinigte die siebte Tochter ihr Zimmer, machte ihr Bett und verbrannte die Nuß im Feuer, da kam Moulay Hammâm ou 'Imâm mit rauschendem Flügelschlag zu ihr in Gestalt einer Taube.

Als er seine Vogelgestalt ablegte, wurde er ein schöner Jüngling. Er grüßte sie, und sie erwiderte den Gruß, dann zog er seinen Säbel: er schlug damit auf den Boden, und es erschienen Sklaven und Negerinnen aus der Welt der Dschinnen, und sie stellten zahlreiche Speisen auf die Erde. Sie aßen beide davon; als sie satt waren, verschwanden die Sklaven und trugen das Geschirr und die Tische mit sich fort. Nur sie beide blieben zurück, und das war ihre

Hochzeit. Am anderen Morgen wollte Moulay Hammâm, noch bevor seine junge Frau aufgewacht war, fortgehen. Er stellte einen Sack mit Gold unter das Bett und verschwand.

Später kamen die Schwestern und Tanten des Mädchens in ihr Zimmer. Sie machten das Bett und fanden den Sack Gold. Sie nahmen ihn, ohne ihr etwas zu sagen, trugen ihn fort und teilten ihn unter sich auf.

Jeden Abend erschien von neuem der Vogelgatte, verwandelte sich in einen schönen Jüngling, und jeden Morgen, bevor er seine Taubengestalt wieder annahm, hinterließ er einen Sack Gold, den die Tanten und Schwestern der siebten Tochter des Pilgers fortnahmen und unter sich aufteilten.

Da wurde sie eines Tages von einer Nachbarin besucht; diese sagte zu ihr: »O mein Gott, seit du die Frau des Moulay Hammâm ou 'Imâm bist, hat er dir da noch nichts geschenkt?« – »Er hat mir noch niemals etwas geschenkt« sagte die junge Frau. – »Sag ihm heute, wenn er kommen wird: ›O mein Gemahl, seit ich deine Frau bin, hast du mir noch nicht einmal einen Ring geschenkt.‹«

Und sie ging davon. Als der Vogelgatte erschien, ließ sie ihn zu sich kommen und sagte zu ihm in scherzhaftem Ton: »Du hast mir noch nie etwas geschenkt, nicht einmal einen Ring, in dem ich deinen Duft wiederfinden könnte, wenn du fortgehst.« – »Dann machst du also nicht jeden Tag dein Bett selbst?« antwortete er ihr. – »Ich mache es nie.« – »Nun gut, dann mach es morgen früh selbst, und sieh, was du finden wirst. Und das, was du finden wirst, habe ich dir jeden Tag zurückgelassen.«

Am nächsten Morgen machte sie, als ihr Ehemann fortgegangen war, das Bett und fand darunter einen Sack voll Gold. Sie versteckte ihn in ihrer Truhe und setzte sich hin. Da kamen ihre Schwestern und ihre Tanten und riefen: »Wer hat heute dein Bett gemacht?« – »Ich habe es gemacht, und ich werde es fortan jeden Tag machen.«

Und jeden Tag fand sie unter dem Bett einen Sack Gold.

Bald darauf sprachen ihre Schwestern und Tanten zu ihr: »Geh mit uns ins Bad.« Denn während sie im Bad waren, sollte eine von ihnen das Fenster einschlagen und so die Taube hindern, am Abend zurückzukehren. Also vergaß eine von ihnen absichtlich ihren Kamm; und sie kehrte unter dem Vorwand, ihn zu holen, nach Hause zurück und zerschlug das Fenster.

Als Moulay Hammâm in der Vogelgestalt erschien, verletzte er sich an den zerbrochenen Fensterscheiben und flog wieder davon.

Seine Frau aber wartete die ganze Nacht vergeblich auf ihn und auch die folgenden Nächte.

Als sie sah, daß er nicht zurückkam, nahm sie sein Gold, zog sich Männerkleider an, kaufte ein Pferd und ritt, mit Reiseproviant versehen, los, um ihn zu suchen.

Sie zog umher, bis sie in eine menschenleere Wüste kam. Sie fand einen Baum, band ihr Pferd daran fest und legte sich in seinem Schatten schlafen.

Mit einem Mal hörte sie den Baum zu seinem Nachbarn sagen: »O meine Tante Zîwâna?« – »Was gibt es, meine Tante Kîwâna?« »Der arme Moulay Hammâm liegt im Sterben. Weißt du das nicht? Neunzig Ärzte weniger einem kamen, um ihn zu behandeln: Keiner hat ihn geheilt, und man hat ihnen allen den Kopf abgeschnitten. Und wer wird ihn jetzt heilen?« – »Eines von meinen Blättern, eines von deinen Blättern. Eines von deinen Ästlein, eines von meinen Ästlein. Die Blätter müssen in einem Mörser zerstoßen werden, bis sie Pulver geworden sind. Man wird sieben Schafe töten müssen und man muß, solange sie noch ganz warm sind, Moulay Hammâm ins Bad tragen, ihn mit warmem Wasser begießen, ihn in den Bauch eines Schafes stecken und das Schaf mit Ruten schlagen müssen, ihn dann aus dem ersten Schaf wieder herausholen, ihn in das zweite stecken und so fort bis zum siebten, und auf diese Weise werden alle Glassplitter, die ihn verwundeten, aus seinem Körper austreten. Anschließend wird man ihn mit dem Pulver unserer Blätter einpudern, und er wird wieder völlig gesund werden.«

Das alles vernahm sie unter dem Baum. Am Morgen nahm sie die Blätter und die Zweige der Bäume, stieg auf ihr Pferd und ritt davon. Und sie ritt, bis sie ins Land des Moulay Hammâm gekommen war.

Dort fragte sie nach seinem Haus. Und man sagte ihr: »Er liegt im Sterben. Neunzig Ärzte weniger einem haben ihn behandelt, ohne ihn zu heilen.« – »Ich komme, um ihn der Liebe Gottes wegen zu heilen.« – »Warum willst du dir unbedingt den Kopf abschneiden lassen?«

Sie ließ sich bei ihm mit den Worten ankündigen:

»Da ist ein Arzt, der kommt, um Moulay Hammâm zu heilen.«

Sie bereitete die Arzneien zu und tat alles, was die Bäume einander gesagt hatten, und er genas.

Als er völlig gesund war, begab er sich zu seiner Mutter, die eine Ghoûle war, und sprach zu ihr: »Die Gestalt meines Arztes ist die meiner Frau, aber sie hat meinetwegen das Aussehen eines Mannes angenommen, und ich weiß nun nicht, ob es ein Mann oder meine Frau ist.« – »Laß einen Schafskopf zubereiten,« sprach die Ghoûle, »die Frauen mögen besonders die Zunge, die Ohren und die Augen von dem gekochten Kopf. Achte also darauf, was sie essen wird.«

Das Pferd des Mädchens aber wiederholte ihr alles, was die Ghoûle gesagt hatte. Sie rührte daher das Gericht kaum an und sagte: »Das ist eine Speise, die Frauen lieben.« Und da schwieg Moulay Hammâm.

Er kehrte zu seiner Mutter zurück und sprach zu ihr: »Die äußere Erscheinung ist die meiner Frau. Ich habe ihr einen Schafskopf vorgesetzt, aber sie hat kaum davon gekostet.« – »Geh und prüfe die Luzerne ihres Pferdes: wenn sie schon gelblich ist, dann ist der Herr des Pferdes eine Frau. Wenn sie dagegen immer noch schön grün ist, dann ist es ein Mann.« Das Pferd sagte ihr deshalb: »Steh zeitig auf und vertausche meine Luzerne mit der vom Pferd des Moulay Hammâm. Man wird sie untersuchen.« Und man fand die Luzerne grün.

Er berichtete es seiner Mutter, und sie antwortete: »Das ist sehr wohl ein Mann. Führe ihn indes in den Garten: wenn er Früchte ißt und Blumen pflückt, dann ist es eine Frau.«

Moulay Hammâm führte sie also in den Garten; sie jedoch rührte, durch ihr Pferd gewarnt, nichts an.

Da sprach die Mutter zu ihm: »Geht gemeinsam im Fluß baden.« Und sie gingen zum Fluß; aber das Pferd der Frau fing an, mit dem anderen zu kämpfen; Moulay Hammâm trennte sie, und sie nahm inzwischen schnell ihr Bad; als er zurückkam, war sie schon wieder aus dem Wasser gestiegen.

Nun aber sagte die Ghoûle zu ihm: »Es ist wirklich ein Mann.«

Am nächsten Tag sprach die junge Frau zu Moulay Hammâm: »Nun, da ich dich geheilt habe, will ich fortgehen.«

Man brachte ihr Geschenke, sie aber wies sie zurück und sagte zu Moulay Hammâm: »Ich stelle dir eine Bedingung: Wer sich unter deinen Schutz stellt und unter den des Arztes, der dich geheilt hat, dem füge niemals ein Leid zu. Und gib mir den Ring, der an deinem Finger steckt.« Er tat den Schwur, nahm seinen Ring ab, gab ihn ihr, und sie ging davon.

Als sie zu Hause angekommen war, ließ sie ihr Zimmer herrichten und das Fenster instandsetzen, um Moulay Hammâm zu empfangen. Am Abend verbrannte sie die zweite Nuß, und es erschien ihr Ehemann mit dem Säbel in der Hand, um sie zu töten.

Sie aber stellte sich unter seinen Schutz und den des Arztes, der ihn geheilt hatte.

»Daß Gott weder dich noch denjenigen jemals reich mache, der dir das verraten hat« rief er aus. »Zeig mir den, der dir diesen Schwur mitgeteilt hat.« – »Versprich mir, mein Leben zu schonen, und ich werde es dir sagen.«

Er versprach es ihr. Da erzählte sie ihm alles, was geschehen war, und fügte hinzu: »Hier ist als Beweis der Ring, den du mir geschenkt hast.«

Darauf sagte er zu ihr: »Ich werde dich nicht mehr allein lassen.«

Und er nahm sie unter seinen Flügel und trug sie in sein Land und vertraute sie seiner Mutter an; seine Mutter aber war eine böse Ghoûle.

Sie füllte das Haus mit Abfällen und sprach zu dem Mädchen: »Du wirst dieses Haus putzen und es so mit Wasser besprengen, daß jeder Tropfen gleich weit von den anderen Tropfen entfernt ist, oder ich fresse dich auf.«

Die junge Frau begann zu weinen, und Moulay Hammâm fand sie in Tränen aufgelöst. »Was hast du« fragte er sie. Und sie wiederholte, was seine Mutter gesagt hatte.

Da ging er weg und rief einen 'afrît, der sein Diener war, und der 'afrît führte die Aufgabe aus, die die Ghoûle ihr aufgetragen hatte.

Als die Ghoûle zurückkam und die verrichtete Arbeit sah, schrie sie: »Ich erkenne daran das Werk meines Sohnes, Moulay Hammâm ou 'Imâm.«

Sodann trug sie eine Ladung Mais, eine Ladung Weizen, eine weitere mit Roggen, eine mit weißen Bohnen und eine mit Linsen herbei; sie vermischte sie und sprach zu ihr: »Daß mir jede Körnersorte von der anderen getrennt ist, wenn ich nach Hause komme, oder ich fresse dich auf.«

Und wieder begann die junge Frau zu weinen. Da erschien Moulay Hammâm, der sie in Tränen aufgelöst fand. Sie sagte zu ihm: »Deine Mutter hat alles vermischt, und ich muß alles trennen, oder sie wird mich auffressen.«

Da rief er alle Vögel der Welt herbei, deren König er war, und sprach zu ihnen: »Trennt mir alle diese Körner voneinander.«

Und die Vögel machten sich ans Werk und trennten alle Körner voneinander, wie es die Ghoûle wollte. Eine kleine Bachstelze aber, die bald Eier legen sollte, hatte Lust auf eine Linse und schluckte sie hinunter.

Als die Ghoûle erschien, sprach sie zu dem Mädchen: »Du hast die Körner getrennt? Das ist wieder das Werk von Moulay Hammâm.« Dann aber rief sie: »Es fehlt eine Linse, suche sie, und wenn du sie mir nicht wiederbringst, fresse ich dich auf.« Das arme Ding begann wiederum zu weinen, und Moulay Hammâm fand sie unter Tränen und fragte sie nach dem Grund. Als sie ihm die Sache mit der Linse erzählt hatte, rief er alle Vögel zusammen und fragte: »Wer von euch hat eine Linse gegessen?«

Die Bachstelze antwortete: »Ich. Ich werde demnächst Mutter, und ich hatte ein Verlangen danach.« – »Nun, so würge diese Linse heraus.«

Als die Ghoûle erschien, fand sie die vollständige Anzahl von Linsen. »Das ist wieder das Werk meines Sohnes« sagte sie.

Und sie dachte: »Nun muß ich ihn verheiraten.«

Sie füllte eine Lampe mit Öl, steckte einen Docht hinein und sprach zum Mädchen: »Bleibe wach und lasse die ganze Nacht hindurch die Lampe brennen: man wird meinem Sohn für die Hochzeit Henna auftragen; sollte aber der Docht herunterbrennen und das Licht erlöschen, dann fresse ich dich auf.«

Alle Ghoûle und alle unsichtbaren Geister versammelten sich, um Moulay Hammâm das Henna aufzutragen; und die junge Frau stand da und leuchtete ihnen.

Als der Docht niedergebrannt war, nahm sie ihren Zopf, steckte ihn in die Lampe und weinte; ihre Tränen fielen herab, und eine davon rann auf das Gesicht von Moulay Hammâm; er stand auf und sah, daß das Feuer den Kopf des Mädchens versengte. Er löschte es, steckte einen neuen Docht auf und zündete die Lampe wieder an.

Als die Ghoûle erschien und den anderen Docht sah, sagte sie: »Hm, das ist das Werk von Moulay Hammâm, diesem gottlosen Sohn.«

Schließlich schickte sie die junge Frau, ein Sieb bei ihrer Schwester, welche ebenfalls eine Ghoûle war, zu holen. Sie dachte, daß diese Ghoûle sie packen und auffressen würde.

Die junge Frau begann wieder zu weinen. Moulay Hammâm fand sie in Tränen aufgelöst und fragte: »Was hast du?« – »Ich muß ein Sieb bei der Ghoûle, der Schwester deiner Mutter, holen.« – »Na wenn schon. Du wirst auf dem Weg einen Esel und einen Hund antreffen. Vor dem Esel werden Knochen und vor dem Hund wird Stroh liegen; du wirst das Stroh vor den Esel und die Knochen vor den Hund legen. Dann wirst du unterwegs auf einen aufgerichteten Balken treffen, und du wirst ihn auf den Boden legen. Du wirst ferner einen reißenden Fluß antreffen, und du wirst ihm sagen: »Sei gegrüßt, o Fluß aus Honig«, und du wirst hinübersetzen. Du wirst auf einen Hohlweg treffen, und du wirst zu ihm sagen: »Sei gegrüßt, o breite Straße«, und du wirst weitergehen. Du wirst schließlich meine Tante treffen. Sie wird ihre Brüste über ihre Schultern geworfen haben und mit dem Gesicht gegen eine Wand lehnen: du wirst an ihrer Brust saugen.«

Das Mädchen ging fort und traf einen Esel vor einem Haufen Knochen und einen Hund vor einem Haufen Stroh; sie vertauschte das Futter und gab jedem, was für ihn gut schien. Da schrie die Kannibalin: »O Esel, o Hund, freßt sie auf!« Aber diese antworteten: »Sie hat uns das Futter, das uns entspricht, gegeben, du aber hattest uns mißhandelt; wir werden sie daher nicht auffressen.«

Dem Fluß rief sie zu: »Pack sie, o Fluß aus Blut.« Aber der Fluß antwortete: »Sie hat mich gegrüßt und mich Fluß aus Milch und Honig genannt, ich werde sie nicht packen.«

Und dem Balken: »Fall über sie, halt sie fest, o aufrechter Balken.« – »Sie hat mich umgelegt, du aber hattest mich aufgestellt, um mich zu ermüden, ich werde sie nicht festhalten.«

Und dem Hohlweg: »Packe sie, halte sie fest, o enger Hohlweg.« – »Du nennst mich eng, und sie nennt mich breite Straße; ich werde sie nicht festhalten.«

Schließlich kam sie zum Haus der Ghoûle; sie fand diese mit dem Gesicht gegen die Wand gelehnt. Die Brüste hatte sie über ihre Schultern geworfen; und sie ergriff die rechte Brust und saugte daran. Da schrie die

Ghoûle, die Mutter des Moulay Hammâm: »O meine Schwester, packe sie und friß sie auf.« Aber die Ghoûle antwortete: »Sie hat an meiner rechten Brust gesaugt; ich werde sie nicht auffressen«, und sie gab ihr das Sieb.

Als die Ghoûle, die Mutter des Moulay Hammâm, sie zurückkommen sah, sagte sie zu ihr: »Das ist wiederum das Werk meines gottlosen Sohnes.« Und sie sprach zu ihr: »Heute ist der Tag des Henna für meine Schwiegertochter. Halte diese Lampe in deiner Hand, bis wir damit fertig sind.«

Sie hielt die Lampe, und als der Docht niedergebrannt war, steckte sie den zweiten Zopf hinein und weinte. Eine ihrer Tränen fiel auf die Wange des eingeschlafenen Moulay Hammâm. Er stand auf und rettete sie vor dem Verbrennen; er nahm sie unter seinen Flügel und kehrte mit ihr in sein Reich zurück, wo sie fortan glücklich lebten, fern der Ghoûle.

Der schöne Fischer

Es war einmal ein Fischer. Der hatte einen Sohn, schön wie eine Lichtkugel.

Der Fischer gab dieses Kind in die Schule, damit es lernen und ein tüchtiger Mensch werden sollte. Aber der Jüngling lernte nicht. Da sagte der arme Mann:

»Er wird auch ein Fischer wie ich. Er wird nicht lernen.«

Er ließ seinem Sohne eine große Fischplatte machen und mit Litzen besetzte und geschmückte Kleidung nähen.

Der Jüngling erreichte ein Alter von fünfzehn, sechzehn Jahren... Seine Stimme war über alle Maßen schön. Er nahm die Fischplatte auf den Kopf und ging auf die Straße hinaus. Wenn er rief: »Fisch, frischer Fisch!«, lief jedermann zum Fenster und wollte den Jüngling sehen und seine Stimme hören.

Zeit kommt, Zeit vergeht, eines Tages ging der Jüngling am Palast des Padischah vorbei. Als er ruft: »Fisch, frischer Fisch!«, läuft die Sultana sofort zum Fenster. Sie verliebt sich in seine Stimme und in ihn selbst. Die Sultana befiehlt ihren Dienerinnen:

»Holt die Fische und legt dem Jüngling eine Handvoll Gold auf sein Tablett!«

Die Dienerinnen führen den Befehl der Sultana aus ...

Voll Freude kommt der Jüngling nach Hause. Er gibt seinem Vater das Gold. Aber sein Vater freut sich gar nicht. Er sagt: »Das ist kein gutes Vorzeichen, mein Sohn. Aber was sollen wir machen?«

Ein, zwei Tage vergehen ... Jeden Tag, wenn der Fischer an dem Palast vorbeigeht, schickt ihm die Sultana eine Handvoll Gold ...

Schließlich ruft die Sultana den Jüngling eines Tages herein und läßt ihm ein Frauenkleid nähen. Er muß nun auch falsches Haar tragen. Die Sultana täuscht alle im Palast, indem sie sagt:

»Ich habe eine neue Sklavin genommen.«

Die Sultana unterrichtet den Jüngling im Lesen und Schreiben und läßt ihn Laute spielen lernen. Sie macht einen vollkommenen Menschen aus ihm. Schließlich wird der Jüngling der Sultana würdig.

Eines Tages sagt das Mädchen zu dem Jüngling:

»Ich werde dich heiraten.«

Doch der Jüngling entgegnet:

»Gut, aber eines Tages wirst du dich dessen erinnern, daß ich Fischer war, und mir das vorhalten. Das kann ich nicht ertragen.«

Das Mädchen hingegen versichert:

»Ich liebe dich. So etwas tue ich nicht.«

Der Jüngling stimmt schließlich zu und sagt: »Gut.« Er nimmt einen Mann als Vermittler in Anspruch und läßt bei dem Vater des Mädchens um sie freien.

Der Padischah ist einverstanden, und sie heiraten.

Eines Tages sagt der Jüngling zu dem Mädchen:

»Wenn du mir eines Tages vorwirfst, daß ich Fischer war, wird es mir die Sprache verschlagen, ich werde sprachlos sein und nicht mehr reden.«

Danach vergehen Jahre... Sie verbringen eine Zeit voll Liebe, eine schöne Zeit. Als sich der schöne Fischer eines Tages mit dem Mädchen vergnügt, tut ihr der Bursche im Spaß etwas weh.

Da sagt das Mädchen:

»Au, das ist keine Fischplatte! Du dachtest wohl, ich bin eine Fischplatte?«

Dies verschlägt dem Jüngling sofort die Sprache. Er kann nicht mehr sprechen, und das Mädchen bereut, was sie gesagt hat, aber geschehen ist geschehen... Sie fällt dem Burschen zu Füßen, fleht und bettelt, aber obwohl sie auch sagt: »Es war ein Fehler, ich werde so etwas nicht wieder sagen«, ist es unmöglich, den Jüngling wieder zum Sprechen zu bringen.

In dieser Nacht legen sie sich schlafen. Früh am Morgen, als der Tag anbricht, steht der Jüngling auf. Alles, was er bei sich hat, läßt er liegen. Fast nackt, nur mit einem Hemd und einer Hose bekleidet, geht er hinaus.

Von ferne kam ein Schiff. Der Jüngling macht ein Zeichen mit der Hand, und das Schiff legt an. Er gibt wieder durch ein Zeichen zu verstehen, daß er das Schiff besteigen möchte und als Bootsmann, nur um freie Verpflegung, dienen wolle.

Die auf dem Schiff sind einverstanden und nehmen den Jüngling. So fuhr der Jüngling mit diesem Schiff von Land zu Land...

Der Jüngling konnte gut Laute spielen, und der Kapitän war auch sonst sehr zufrieden mit dem Jüngling. Kurz und gut, der Jüngling zog auf diesem Schiff hierhin und dorthin...

Soll er ziehen, wir wollen zur Sultana kommen... Die Sultana liebte ihren Mann sehr. Als der Jüngling gegangen ist, fällt sie von einer Ohnmacht in die andere, wird krank und legt sich ins Bett. Sie schreibt ihrem Vater einen Brief:

»Mein lieber Vater! Ich habe meinen Mann erzürnt. Er hat mich verlassen. Ich werde ihn selbst suchen und finden. Erlaube es mir!«

Der Padischah sagt:

»Gut!«

Das Mädchen läßt ein Schiff bauen, die Segel aus Atlas und die Masten aus Gold... Darinnen vierzig Schiffer und vierzig Mädchen, aber alle trugen Männerkleidung. Die Sultana fährt mit dem Schiff von einem Land zum andern.

Das Schiff fährt und legt überall an. In jedem Hafen, in dem sie anlegen, fragte sie nach dem Jüngling:

»Ist hier soundso ein Jüngling vorbeigekommen, der gut Laute spielen und nicht sprechen kann?«

Eines Tages teilte man ihr mit:

»Ja, auf einem Schiff gibt es einen Schiffer, der nicht sprechen kann. Er spielt sehr gut Laute... Er ist nach Ägypten gezogen.«

Das Mädchen läßt diese Richtung einschlagen und fährt nach Ägypten.

Eines Tages kommen sie nach Ägypten. Da läßt das Mädchen das Schiff vor Anker gehen, und alle Bewohner von Ägypten eilen herbei, um das Schiff zu betrachten, denn es ist ein Schiff, wie sie es noch nicht gesehen hatten. Sie benachrichtigen auch den Padischah:

»Es ist ein Schiff gekommen, dessen Segel aus Atlas und dessen Masten aus Gold sind.«

Der Padischah macht sich auch auf und erscheint mit allen seinen Wesiren, um sich das Schiff anzusehen. Sie nehmen den Padischah auf dem Schiff mit allen Ehren auf. Als er sich verabschiedet, lädt er seinerseits ein:

»Geruhet, auch in unseren Palast zum Essen zu kommen!«

Das Mädchen ging in Männerkleidung wie ein Schiffer hin, und der Padischah weiß nicht, daß sie ein Mädchen ist...

Schließlich tritt, als sie im Palast essen, eine Kapelle von Saitenspielern auf, und ein Vergnügen wird veranstaltet. Da sieht das Mädchen, daß der Jüngling hier unter den Spielern ist. Das Mädchen sagt zu dem Padischah:

»Wie schön spielt dieser Jüngling Laute!«

Der Padischah erwidert:

»Ja, er spielt sehr schön Laute, aber leider ist er stumm.«

Daraufhin sagt das Mädchen:

»Nein, er ist nicht stumm!«

Der Padischah antwortet:

»Er ist schon ein halbes Jahr in meinem Palast. Es gibt kein Mittel, er spricht nicht.«

Hierauf bittet das Mädchen:

»Gebt mir den Jüngling für diese Nacht. Ich werde ihn zum Sprechen bringen. Wenn ich ihn nicht zum Sprechen bringe, so gebe ich Euch alle vierzig Schiffer, die ich auf meinem Schiff habe.«

Solch eine Abmachung treffen sie.

Da geben sie den Burschen für diese Nacht dem Mädchen. Bis zum Morgen fleht das Mädchen und fällt ihm zu Füßen.

»Von wie weit bin ich gekommen! Ich habe für dich so viel Leid ertragen. Mach nicht, daß ich mich schämen muß, sprich!« sagt sie.

Es ist unmöglich, der Jüngling redet nicht.

Es wird Morgen. Das Mädchen gesteht dem Padischah:

»Ihr habt die Wette gewonnen, mein Padischah. Meine vierzig Schiffer gehören Euch.«

Sie bringt sie auf den Hof und übergibt sie. Dann bittet sie den Padischah:

»Gebt mir den Jüngling auch diese Nacht! Wenn ich ihn heute nicht zum Reden bringe, soll mein Schiff Euer sein.« Auch diese Nacht fleht sie den Jüngling bis zum Morgen an und kann ihn wieder nicht zum Reden bringen.

Am nächsten Tag liefert sie ihr Schiff an den Padischah aus.

Es kommt die dritte Nacht. Das Mädchen sagt wieder zu dem Padischah:

»Gebt mir den Jüngling auch diese Nacht! Wenn ich ihn nicht zum Sprechen bringen kann, besitze ich nichts mehr, was ich geben kann. Dann laßt mir den Kopf abhauen!«

Diesmal fleht der Padischah das Mädchen an:

»Tu das nicht, mein Sohn! Laß dich nicht auf solch eine Wette ein, du bist doch noch jung!«

Obwohl er das sagt, beharrt das Mädchen auf ihrem Willen und sagt:

»Entweder bringe ich ihn zum Sprechen, oder ich sterbe!«

Für diesen letzten Versuch treffen die beiden eine Vereinbarung:

»Wenn ich den Jüngling zum Sprechen bringen kann, nehme ich mein Schiff und meine Sklaven zurück. Wenn ich ihn nicht zum Sprechen bringen kann, soll mein Kopf Euer sein.«

Nun fleht das Mädchen den Jüngling in dieser Nacht bis zum Morgen an:

»Sieh einmal, ich werde sterben! Wie kannst du mich dem Tode ausliefern!«

Sie fällt dem Jüngling zu Füßen. Aber es hat keinen Zweck, sie kann ihn nicht zum Reden bringen.

Es wird Morgen. Man errichtet auf dem Platz einen Galgen, und die Bevölkerung versammelt sich. Alle erscheinen bei dem Schauspiel, auch der Stumme befindet sich unter der Menge. Die Tochter des Padischah kommt und tritt unter den Galgen. Gerade als man ihr die Schlinge um den Hals legen will, ruft der Jüngling:

»Halt, das ist keine Fischplatte, das ist der Kopf einer Sultana!« (Denn er hatte seinerzeit zu dem Mädchen gesagt: »Bis du stirbst, spreche ich nicht!«)

Dazu klatschen alle Beifall. Die Sultana nimmt ihre Sklaven, ihr Schiff und auch ihren Mann, und sie kehren in ihr Land zurück. Bis sie sterben, leben sie glücklich. Nun wirft die Sultana ihrem Mann nicht mehr vor, daß er Fischer war.

Vom Himmel sind drei Äpfel gefallen, einer in meinen Mund, einer in den Mund von Murats[1] Großmutter und einer in den Mund der Märchenerzählerin.

[1] Der jüngste Enkel der Erzählerin.

Mehmet Aga, der Gauner

Es war einmal ein fahrender Goldschmied, der hatte einen Sohn. Als dieser erwachsen wurde, starb der Vater und ließ ihn allein auf dieser Welt, denn die Mutter war bereits vor langer Zeit gestorben ... Der Sohn übernahm das Gewerbe seines Vaters, zog von Dorf zu Dorf und verkaufte seine Ware.

Die Zeit verging. Er kam ins heiratsfähige Alter, doch er kannte niemanden und fragte sich, was er denn tun und wem er wohl einen Antrag machen könnte. Es gab da den Lumpensammler Kasher, der eine sehr schöne Tochter hatte. Er schickte ihr Geschenke, baute einen Palast, den man unmöglich mit Worten beschreiben kann, schickte eine Heiratsvermittlerin und hielt so um die Hand des Mädchens an. Nach der Heirat erklärte er seinen Schwiegereltern grob, daß sie sich ab sofort im Palast nicht mehr blicken lassen sollten. Niemand kam mehr...

Der Palast wurde von einer großen Mauer überragt, damit man von draußen nicht hereinschauen konnte. Drei Monate lebten sie sehr glücklich miteinander, aber eines Tages sagte der Ehemann: »Wir leben über unsere Verhältnisse, und selbst eine Schatzkammer würde nicht ausreichen. Wenn du erlaubst, werde ich für 14 Tage verreisen. Ich gehe nach Biga und mache ein paar Geschäfte.«

Während seine Frau zu Hause blieb, zog er von einem Dorf zum anderen. In Biga angekommen, fragte er ein Kind nach einer sauberen und anständigen Unterkunft, und es zeigte ihm die Herberge von Mehmet Aga dem Gauner. Dort angekommen stürzten der Wirt und seine Bediensteten sofort auf ihn zu und begrüßten ihn. Nachdem er willkommen geheißen worden war, befahl der Wirt, sein Pferd zu versorgen, und er selbst nahm das Bündel des Gastes auf die Schulter und führte diesen ins Café.

»Woher kommst du?«

»Aus Edirne.«

»Aus welcher Familie stammst du?«

»Ich bin der Sohn des fahrenden Goldschmiedes Mehmet Effendi.«

»Ah, ein Freund von mir« (er log, denn er kannte ihn überhaupt nicht).

»Bist du verheiratet oder Junggeselle?«

»Ich bin mit der Tochter des Lumpensammlers Kasher verheiratet.«

»Ach du lieber Gott, das ist aber Pech! Hättest du dir kein anderes Mädchen aussuchen können? Dein bestes Stück hat keinen besonders guten Ruf. Mit der Treue nimmt sie es nicht gerade genau, wie man so sagt. Wie die Mutter, so die Tochter!«

Als der junge Mann versicherte, daß es da nichts gäbe und seine Frau sehr treu sei, schlug der Wirt ihm eine Wette vor: »Wenn ich dir den Beweis für die Untreue deiner Frau nicht bringen kann, gebe ich dir meine Herberge und alles, was ich besitze. Aber wenn ich den Beweis erbringe, wird deine Zukunft mir gehören. Ich brauche dafür vierzig Tage. Währenddessen bist du hier der Wirt und widmest dich der Herberge. Und ich, ich werde zu dir nach Hause reisen und dir den Beweis liefern.« So wetteten sie vor den Gästen im Café, die gleichzeitig Zeugen waren.

Der Gauner Mehmet Aga begibt sich also nach Edirne und erkundigt sich nach dem Haus des Sohnes von Mehmet Effendi. Er läuft einen Tag drumherum, fünf Tage drumherum und findet kein Plätzchen, von dem aus er etwas erspähen, geschweige denn über die Mauer klettern könnte. Erwähnt werden muß noch, daß der Ehemann vor seiner Abreise eine alte Frau beauftragt hatte, seiner Frau Gesellschaft zu leisten. Eines Tages, als die junge Frau sie mit dem Fahrstuhl hinuntergeschickt hatte, um auf dem Markt Fleisch zu kaufen, ergreift der wartende Gauner die Gelegenheit beim Schopf und bietet der Alten Geld, wenn sie ihm helfe, ins Haus hineinzukommen, und sie willigt sofort ein. Als sie vom Markt zurückkommt, sagt sie zu der jungen Frau: »Laßt mich noch einmal hinunter, denn mein Sohn hat gestern beim Kartenspielen verloren und die ganzen Möbel verspielt. Jetzt möchte ich nachsehen, ob wenigstens der Koffer mit meinem ganzen Geld noch da ist. Ich komme gleich zurück.« Sie geht zu sich nach Hause, packt den Gauner in den Koffer und gibt ihn einem Träger, der sich auf den Weg in den Palast macht.

Die junge Frau holt die Alte und ihren Koffer mit dem Aufzug hinauf. Der Palast hatte 41 Gemächer, doch keines war der Alten sicher genug, und so stellt sie den Koffer ausgerechnet in das Zimmer ihrer Herrin. Und unser Mann sitzt innen drin und hat einen Schlüssel... Die beiden Frauen aßen und tranken, und danach begab sich jede in ihr Bett. Es war ein Sommertag und sehr heiß draußen, so schlief die junge Frau nur mit einem Hemd bekleidet. Während sie schläft, steigt der Gauner aus dem Koffer. Ohne sie zu wecken, geht er durch das ganze Haus, nimmt einen Seidenschal, den er unbemerkt in seinen Gürtel steckt, und setzt sich wieder in den Koffer.

Am nächsten Morgen sagt die Alte: »Ich bin unruhig, ich habe Angst, mein Sohn verkauft das Haus. Ich muß nachsehen gehen.« Sie nimmt ihren Koffer, und, zu Hause angekommen, befreit sie den Gauner. Dieser bezahlt sie, und sie kehrt zu der jungen Frau zurück.

Am 39. Tag kommt Mehmet Aga zurück zur Herberge. Der junge Mann fragt ihn, was er denn solange getrieben habe, und bekommt die Antwort: »Was willst du eigentlich, mir gefiel es sehr gut bei deiner Frau. So bin ich länger als vorgesehen geblieben.« Daraufhin gerät der junge Mann in Zorn und droht den anderen umzubringen. Doch dieser beschreibt ihm bis ins Kleinste sein Haus, fügt hinzu, daß seine Frau einen dunklen Schönheitsfleck auf dem rechten Oberschenkel und einen auf dem linken Busen habe, und zieht dann den Schal hervor. Der andere muß nun zugeben, daß er die Wette verloren hat. Er gibt Mehmet Aga alles, was er besitzt, und wird obendrein sein Dienstbote.

Die Zeit verging, und die junge Fau wartete noch immer... 40 Tage, 50 Tage, vier Monate. Ihr Gatte kam nicht zurück... Also dachte sie nach und faßte einen Plan. Sie ging auf den Markt und kaufte sich Männerkleidung, eine Pistole, ein Messer und Stiefel. Mehrere Tage lang übte sie vor dem Spiegel, wie ein Mann aufzutreten. Mit ihrer Verkleidung und ihrem falschen Schnurrbart war sie überzeugt, daß sie niemand mehr erkennen würde. Dann kaufte sie sich noch ein Pferd, packte ihr ganzes Hab und Gut in ein Bündel, schloß das Haus ab, bestieg ihr Pferd, und schon war sie in Richtung Tchanakkale unterwegs...

Dort angekommen fragt sie einen alten Mann nach einem Café. Man zeigt ihr den richtigen Weg, nimmt ihr Pferd in Obhut und führt sie ins Café. Da sie auffallen will, lädt sie alle Gäste ein: Kaffee für Kaffeeliebhaber, Raki für Rakiliebhaber, Wein für Weinliebhaber. Man feiert sie, und sie erzählt und erzählt: »Ich bin auf Reisen. Aber ich bin sehr allein und langweile mich. Ich suche einen Gefährten, der für seine Arbeit auch entlohnt wird. Ist denn keiner unter euch daran interessiert?« Ein gewisser Ahmet Aga nimmt ihr Angebot an: »Ich sterbe, wo du stirbst, und ich bleibe, wo du bleibst.« Daraufhin antwortet sie: »Du sollst gut bezahlt werden, Essen bekommen, und deine Wäsche soll gewaschen werden. Dafür wirst du mir überallhin folgen und dorthin gehen, wo ich hingehe.«

Am nächsten Tag kauft sie ihm ein Pferd, da er keines besitzt und ihr schlecht zu Fuß folgen kann.

Dann machen sie sich auf den Weg. Als sie sich am zweiten Tag Biga nähern, sagt der Diener: »In der Herberge werden wir wegen der Mücken und Wanzen nicht ruhig schlafen können. Die Pferde werden nichts zu fressen haben. Es ist besser, wenn wir die Nacht auf dieser Ebene verbringen. Die Pferde können hier grasen, und wir schlafen besser an der frischen Luft und brechen morgen in aller Frühe auf.« Die junge Frau willigt in die gute Idee ein. Sie binden ihre Reittiere an und machen es sich unter einem Baum bequem. Der Diener entfacht ein Feuer, kocht Kaffee, brät Koteletts und öffnet eine Flasche Raki. Mitten im Gespräch schläft die junge Frau gegen einen Baum gelehnt ein. Sie war eben doch eine Frau, und Frauen werden schneller müde!

In der Gegend von Biga trieben sich drei Räuber herum. Als sie das Feuer bemerkten, kamen sie näher und sahen einen Mann, der auf dem Boden saß, Koteletts briet und Raki trank. Sie flüsterten: »Schau dir das an, was der sich für einen guten Tag macht.« Der Diener hatte sie gehört, nahm sein Messer, stürzte sich auf sie und tötete alle drei, ohne daß die junge Frau auch nur irgend etwas mitbekam, setzte sich wieder hin und trank weiter.

Am frühen Morgen erwacht sie: »Ja, trinkst du denn immer noch?«

»Sicher, mein Gebieter! Aber in der Nacht habe ich drei Rebhühner erlegt.«

»Wirklich?«

»Ich schwöre es, drei Fasane, geh hin und schau sie dir an.«

Als sie die drei Leichen der Banditen sieht, erkennt sie den Mut ihres Gefährten.

»Ahmet Aga, warum hast du mich nicht gewarnt?«

»Aber mein Gebieter, es waren ja nicht einmal genug für mich da. Und wenn ich euch gewarnt hätte, hättet ihr niemand gehabt, mit dem ihr hättet kämpfen können, und so hättet ihr vielleicht mich in diesem Handgemenge umgebracht.«

In Biga sucht die junge Frau eine anständige Herberge zum Übernachten. Ein Kind nennt ihr die von Mehmet Aga dem Gauner und zeigt ihr den Weg. Unter den Dienstboten erkennt sie ihren Mann, als dieser die Pferde holen kommt. »Welch ein Unglück! Nun habe ich ihn gefunden, doch unter welchen Umständen!« sagt sie sich. Man bittet sie ins Café. Auch dieses Mal bestellt sie für alle an den Tischen Kaffee und Tee. Mit leiser Stimme fragt sie einen Greis über den jungen Mann aus, den sie gerade gesehen hat: »Wer ist das? Und warum ist er hier?« Der Alte wußte von der Wette und erzählt ihr die ganze Geschichte: »Mehmet Aga hat sich erfolgreich an die Frau seines Dienstboten herangemacht, ihr den Schal gestohlen und ihn als Beweis für ihr ungebührliches Benehmen mitgebracht. So hat der junge Mann alles verloren und ist bis an sein Lebensende zum Dienerdasein verdammt.«

Nachdem sie verstanden hat, was geschehen war und wie die Alte sie hintergangen hatte, faßt sie einen Plan. Dafür muß sie das Vertrauen des Wirtes gewinnen. Sie unterhält sich also mit ihm über das Wetter, über alles und nichts:

»Woher kommst du?«

»Ich komme aus Aydin und gehe immer dorthin, wo es mir gefällt!«

»Wie bist du hierher gekommen?«

»Ich habe mir sagen lassen, daß Mehmet Aga der Gauner eine wunderschöne Tochter hat. Sie ist sehr leichtfertig, sagt man, und ich bin gekommen, um sie zu sehen.«

Der Wirt schwört bei allen Göttern, daß seine Tochter höchst anständig und dieses alles gelogen sei...

Zu guter Letzt schließen sie eine Wette ab. Wenn der Reisende einen Beweis für das schlechte Benehmen seiner Tochter herbeischaffe, werde ihm von da an die Herberge gehören samt dem ganzen Besitz des Wirtes, und dieser werde sein Diener bis ans Ende seiner Tage. Wenn aber der Reisende den Beweis nicht herbeischaffe, werde dagegen dessen Hab und Gut in das Eigentum des glücklichen Vaters übergehen, und er müsse diesem sein Leben lang dienen.

Währenddessen wartete Ahmet Aga im Zimmer und trank und wußte von nichts. Kurz darauf kommt sein Gebieter zurück. »Ich werde eine Weile verschwinden. Und du wirst dieses Zimmer unter keinen Umständen verlassen, nicht mal, um Besorgungen zu machen. Wenn du etwas brauchst, läßt du es dir von der Dienerschaft bringen, ich werde das alles bezahlen. Und wenn jemand hinter mir das Zimmer betritt, hältst du ihn fest, wenn ich das Zimmer wieder verlasse und derjenige hinter mir hergehen will.« Dann geht sie in ihr Zimmer, zieht ihre Frauenkleider an und verläßt die Herberge durch die Hintertür...

In Biga war einst immer Sklavenmarkt. Sie kauft

eine Sklavin und vertraut ihr einen großen Korb an. In verschiedenen Geschäften kauft sie Taschenmesser, Messer, Ketten, Perlen usw. In der Stadt fragt sie ein Kind, wo denn das Haus von Mehmet Aga dem Gauner sei. Von dort aus zählt sie 39 Häuser, und an die Tür des am weitesten entfernten Hauses klopft sie an und bittet um Gastfreundschaft. Man läßt sie ein und fragt, woher sie komme? Sie antwortet, sie sei auf dem Rückweg von einer Pilgerfahrt nach Mekka, und verteilt an alle Anwesenden, die sie willkommen geheißen hatten, kleine Geschenke. Die Nachbarinnen laden sie in den folgenden Tagen nacheinander ebenfalls in ihre Häuser ein. Sie nimmt alle Einladungen an, um niemanden zu verletzen, und nähert sich so ganz langsam dem Haus von Mehmet Aga. Ein Haus, zwei Häuser und so weiter... Jeden Tag verteilt sie ihre kleinen Geschenke und sagt zu denen, die sie bei sich aufnehmen, sie komme aus Mekka. Als sie noch zehn, fünfzehn Häuser von dem des Wirtes entfernt ist, wird sie von dessen Frau und Tochter aufgesucht. Die beiden freunden sich mit ihr an und bestehen darauf, daß sie auch ihr Gast sein solle. Am 39. Abend kommt sie mit ihrer Sklavin zu ihnen, der sie eingeschärft hatte, daß diese weder protestieren noch sich beklagen dürfe, wenn sie mal freundlich und mal böse mit ihr sei.

Mehmet Aga kommt nach Hause. Sie setzen sich an den Tisch und essen, unterhalten sich über dies und jenes, dann kehrt der Wirt in seine Herberge zurück. Sie verbringt die Nacht bei ihnen, und am Morgen ruft sie ihre Sklavin: »Schon 39 Tage sind wir hier und ziehen von Haus zu Haus. Jetzt wird es Zeit heimzukehren. Bring den Geschenkkorb.« Die Sklavin gehorcht. Doch da keine schönen Geschenke mehr übrig sind, wird die junge Frau zornig und schlägt sie. Sie beschuldigt sie, die Geschenke für die Gastgeberinnen in der Herberge gelassen zu haben, weil sie ihr zu schwer gewesen seien. Die beiden Frauen bitten sie, ihre Sklavin nicht zu mißhandeln, und sagen, die Geschenke seien nicht so wichtig. Um die Sklavin vor dem Zorn ihrer Herrin zu schützen, schlagen sie vor, beide bis zur Herberge zu begleiten.

Um nicht gesehen zu werden, gehen sie durch die Hintertür. Die junge Frau kommt in ihr Zimmer und macht ihrem Diener ein Zeichen, daß sie nicht alleine sei. Die beiden Frauen betreten hinter ihr das Zimmer. Als sie es wieder verläßt und die anderen ihr folgen wollen, zieht Ahmet Aga sein Messer und droht, er werde sie bei der kleinsten Bewegung umbringen. Erschrocken schweigen sie und wagen es nicht, sich zu rühren. Währenddessen geht die Frau in ihr Zimmer, zieht wieder die Männerkleider an und geht hinunter zu Mehmet Aga, der sie fragt:

»Wo warst du so lange?«

»Was glaubst du denn, wo ich so lange war. Bei deiner Tochter natürlich! Wir haben 39 wunderschöne, abenteuerliche Tage und Nächte verbracht. Es war sehr angenehm. Ich versichere dir, wenn da nicht unsere Wette gewesen wäre, wäre ich noch nicht zurück.«

»Du lügst, das ist unmöglich«, sagt der Wirt und wird rot vor Ärger.

»Nein, es ist die Wahrheit. Deine Tochter ist sehr

leichtfertig und deine Frau ebenso. Komm und nimm noch zwei oder drei Zeugen mit, du wirst es ja sehen.«

...

»Nun, erkennst du deine Frau und deine Tochter?«

»Ja, sie sind es.«

»Jetzt bleibt dir nichts anderes übrig, als bei mir den Diener zu machen.«

Der »Reisende« ruft die Dienerschaft zusammen und fragt einen nach dem anderen, wie lange sie schon da seien, bezahlt sie und schickt sie nach Hause. Sie dürfen alle gehen außer ihrem Ehemann. Der Unglückliche hatte seine Frau immer noch nicht erkannt und fragte sich, wann er denn an der Reihe sei. Dann ruft sie den Wirt und sagt zu ihm: »Ich gebe deine Tochter meinem Diener Ahmet Aga zur Frau. Es ist der Mann, der neben ihr sitzt. Die Hälfte der Herberge soll von jetzt ab ihnen gehören. Was dich betrifft, nimm deine Frau und die andere Hälfte der Herberge. Also, dieser dort wird dein Schwiegersohn, und ich verschwinde.« Dann ruft sie den Hodscha, um die Hochzeit zu feiern, und den Notar, um die Eigentumsverhältnisse zu regeln.

Danach schickt sie den Ehemann ins Hammam.

Die junge Frau zieht sich aus und schickt ihrem Ehemann die Herrenkleider. Aber da diese ihm viel zu klein sind, kommt er, um sie dem Eigentümer zurückzubringen. Er klopft an die Tür. Sie öffnet, denn sie weiß, daß er es ist. Doch er erkennt sie wieder nicht, hält sie vielmehr für die Frau des Reisenden und läuft davon. Darauf ruft sie ihm nach: »Sieh, seit einem Jahr bist du Dienstbote in dieser Herberge. Um dich zu befreien, habe ich mich verkleidet. Es sei dir überlassen, ob du mich noch willst oder zurückweist. Du allein sollst entscheiden. Ich habe dich befreit, sonst hättest du ein ganzes Leben lang hier als Diener leben müssen.«

»Ich danke dir. Gelobt sei Gott! Jetzt zieh dich an und komm. Ich mache mich fertig und folge dir.«

Am nächsten Morgen brechen sie auf und kehren in ihre Heimat zurück, wo sie noch heute glücklich sind.

Die Äpfel der Fruchtbarkeit

Es war einmal eine Frau, die keine Kinder bekommen konnte. Ihr Mann war darüber so verzweifelt, daß er ihr manchmal bittere Vorwürfe machte, obgleich die Arme nichts dafür konnte, und so war ihr Leben sehr unglücklich.

Eines Tages hörte sie einen Mann auf der Straße schreien: »Taffâh, lahbala, hier habe ich die Äpfel der Fruchtbarkeit.« Sie rief ihm von ihrem Fenster aus nach und eilte hinunter, um durch die halboffene Tür ihres Hauses zwei dieser Früchte zu kaufen; eine davon aß sie sofort, die andere legte sie in einen Wandschrank. Aber ihr Gatte öffnete den Schrank, nachdem er nach Hause gekommen war, sah den Apfel und aß ihn. Daraufhin bekam er ein dickes Bein, das immer mehr anschwoll, wie der Bauch einer schwangeren Frau. Im neunten Monat begann ihn das Bein ernsthaft zu schmerzen, und er wußte nicht, was er machen sollte. Eines Tages, als es ihm besonders wehtat, reiste er aufs Land. In einer verlassenen Gegend schlitzte er sich mit seinem Messer den Oberschenkel der Länge nach auf, und zum Vorschein kam ein entzückendes kleines

Mädchen. Sie war schön wie die Sonne und der Mond zugleich und trug einen Stern zwischen den Augen. Der Mann erschrak sehr und wußte nicht, was er mit diesem außergewöhnlichen Kind anfangen sollte. Da setzte er das Neugeborene aus und kehrte so schnell wie möglich nach Haus zurück. Aber Gott, der Barmherzige, der keine seiner Kreaturen im Stich läßt, schickte eine Gazelle, die das Kind ableckte, stillte und im Maul davontrug, um es mit ihren anderen Kleinen aufzuziehen. So ging es jeden Tag mit seiner Adoptivmutter auf die Weide, spielte mit den anderen Gazellen, rannte wie sie, sprang wie sie und hatte natürlich nicht sprechen gelernt.

Eines Tages erblickte der Sohn des Sultans, der gerade auf der Jagd war, die Gazelle mit dem nackten Mädchen, dem die schwarzen Haare lang über die Schultern fielen. Baß vor Erstaunen verfolgte er sie. Doch die Kleine rannte genauso schnell wie die leichtfüßigen Tiere, bei denen sie aufgewachsen war, und selbst das Vollblut konnte sie nicht einholen. Der Prinz kehrte voller Kummer in den Palast seines Vaters zurück, denn er hatte sich in diese schöne Wilde verliebt. Er begann voll Melancholie vor sich hin zu träumen und wurde zum Schluß ernsthaft krank, und niemandem gelang es, ihn zu heilen.

Jeden Tag schickte man die besten Jäger und die schnellsten Pferde aus, um diejenige einzufangen, die der Grund für das Unglück war. Aber vergeblich. Endlich kam eine alte Frau vorbei, die erklärte, man müsse zu einer List greifen:

– Es kann nur eine Dschinna oder ein Mensch sein.

Darum bereitet zweimal Couscous zu, einmal mit Salz und einmal ohne Salz, und stellt beides an den Waldrand, wo sich das seltsame Etwas verborgen hält. Wenn dieses Wesen das gesalzene Essen ißt, wissen wir, daß es ein Mensch ist; wenn es das aber nicht anrührt und das ungesalzene Couscous ißt, ist es eine Dschinna. Denn die Dschinnen und die Familie der Erdgeister verabscheuen, wie jeder weiß, das Salz. Schickt eure besten Schützen aus, sie sollen sich hinter ein paar Felsen verstecken. Wenn sie sehen, daß sie das ungesalzene Essen ißt, können sie wieder gehen. Doch wenn sie das gesalzene Essen ißt, sollen sie hervorstürzen, ein paar Schüsse abfeuern, damit sie Angst bekommt, und sie umzingeln.

Man befolgte die Ratschläge der Alten, und so wurde das Mädchen gefangen, denn, völlig träge vom Couscous, das sie nicht gekannt und von dem sie viel zu viel gegessen hatte, konnte sie nicht mehr so schnell wie gewohnt davonlaufen. Man brachte sie sofort zum Sohn des Sultans, der schleunigst ihre Nacktheit mit seinem Kaftan bedeckte, sie mit auf sein Pferd nahm und in großer Eile davonritt.

Nachdem man ihn im Palast mit fünfundsiebzig Trommelschlägern jubelnd empfangen hatte, befahl er den Sklaven, das Mädchen ins Bad zu führen und sie in kostbare Kleider zu hüllen. Noch am selben Abend begannen die Hochzeitsfeierlichkeiten. Es wurde so pompös gefeiert, daß die Lebenden auf die Sargdeckel der Toten klopften und schrien: »Kommt, bei der Hochzeit des Sohnes des Sultans mit der Tochter der Gazelle müßt ihr dabeisein.«

Der Sohn des Sultans war bereits einmal verheiratet. Seine erste Frau, seine leibliche Kusine, war eifersüchtig auf die neue Gemahlin und suchte sich ihrer zu entledigen. Sie hatte lauter Sklaven, die bereits daran gewöhnt waren, ihr zu gehorchen, während die junge Prinzessin unbekannt und von allen isoliert war; und die eifersüchtige Ehefrau versuchte, ihr Fallen zu stellen, um sie verschwinden zu lassen. Zu einer aus ihrer Gefolgschaft sagte sie eines Tages: »Ich kenne, Lalla, einen alten Juden, der todsicher der größte hakim dieser Zeit ist. Er besitzt den Ring der Weisheit. Er braucht ihn nur zu drehen und sogleich erscheint ein ifrit, der seine Befehle ausführt. Er verschreibt Rezepte, die jede Krankheit heilen. Alle Dschinnen des Sabbat stehen ihm zu Diensten, und er kann sogar die schayatin wachrufen. Er schreibt einen Namen auf den Handballen eines Menschen und läßt ihn die noch feuchte Tinte ablecken, um so dessen sexuelle Potenz zu erhöhen. Er sieht die Zukunft in einem Tintenfaß voraus. Und er vergibt Talismane, mit denen Frauen die Liebe ihrer Männer zurückgewinnen oder mit Hilfe derer sie sich einer Rivalin entledigen können.«

Man ließ den jüdischen Zauberer kommen. Dieser gab ihr eine Stecknadel und sagte, sie solle diese in das Haar der Person stecken, derer sie sich entledigen wolle.

Eines Abends schnappten die beiden Frauen auf der Terrasse zusammen Luft, da gelang es der eifersüchtigen Frau, die verzauberte Stecknadel im langen Haar der jungen Prinzessin zu befestigen, die sich sofort in eine weiße Taube verwandelte und pfeilschnell über der Stadt davonflog.

Der Prinz war völlig verzweifelt über das Verschwinden seiner Gemahlin; aber er wußte nicht, was er denken sollte. Ohne seine Schöne, die er so sehr liebte, mochte er nicht im Palast bleiben, und so ging er auf Reisen, um seinen Kummer zu zerstreuen.

Doch die junge Frau, die in eine Taube verwandelt worden war, konnte sich nicht von dem Ort entfernen, an dem sie glücklich gewesen war und an dem sie nach ihrem Geliebten suchte. Sie kam jeden Tag in den Garten des Palastes und sang:

»Die Äpfel der Fruchtbarkeit,
was haben sie aus mir gemacht:
Meine Mutter hat mich gekauft,
und mein Vater ging schwanger mit mir,
die Gazelle hat mich großgezogen,
der Sohn des Sultans hat mich geheiratet.
Und seine böse Kusine, sie war es,
die so viel Unglück über mich gebracht hat.«

Dann fügte sie noch hinzu:

»Gärtner, o Gärtner, sag mir, ist der Sohn des Sultans schon zurück oder nicht?«

»Noch nicht«, antwortete der Gärtner.

»Weint, ihr Bäume, weint, ihr Steine, weint, ihr Fische auf dem Meeresgrund«, sagte dann der Vogel; als die Kreaturen dies hörten, fingen sie an zu weinen.

Schließlich kam der Prinz zurück; sogleich eilte der

Gärtner zu ihm, erzählte ihm von dem seltsamen Vogel und führte ihn in den Garten.

Der Prinz hörte den Vogel singen:

»Gärtner, o Gärtner, sag mir, ist der Sohn des Sultans zurück oder nicht?«

»Er ist angekommen«, sagte der Gärtner.

»Lacht, ihr Bäume«, rief sie daraufhin, »lacht ihr Steine, lacht ihr Fische auf dem Meeresgrund.« Und all diese Kreaturen fingen an zu lachen.

Der Prinz wollte nun einen anderen jüdischen hakim fragen, wie man einen solchen Vogel einfangen könnte.

»Man muß einen goldenen Käfig bauen«, antwortete dieser, »mit einem goldenen Freßnapf und einem goldenen Wasserschüsselchen, dann hängt man ihn in den Baum, in dem der Vogel zu sitzen pflegt, und läßt das Türchen offen.«

So geschah es, und der Prinz konnte glücklich die schöne Taube, die froh über ein solches Gefängnis war, mit nach Hause nehmen. Als seine erste Ehefrau, die Tochter seines Onkels, den Vogel sah, geriet sie in Zorn und sagte zu ihrem Mann:

»Du benimmst dich wie ein kleiner Junge. Willst du vielleicht jedes Tier sammeln, das du so findest?«

Doch der Sohn des Sultans scherte sich nicht um die Vorwürfe und liebkoste zärtlich die Taube, die vor Freude kleine Schreie von sich gab. Plötzlich stieß seine Hand auf ein Hindernis. Unter den Federn fühlte er einen Stecknadelkopf. Er zog die Nadel heraus, und vor ihm stand die junge Frau in ihrer ganzen Schönheit.

Nun hatte er den Beweis für die Falschheit seiner

ersten Frau und deren Sklavin, die ihr den Rat gegeben hatte. Und er ließ beide verbrennen und verbrachte nur noch glückliche Tage mit der Tochter der Gazelle.

Die Geschichte vom Kaufmann, von der arabischen und der ägyptischen Frau

Es war einmal, ja, wieviel ist gewesen
o ihr Leute, glücklich und auserlesen!
Die Geschichte kann nur dann Freude schenken,
wenn wir des Propheten – über ihm sei Segen und Heil! – gedenken.

Es war einmal ein bekannter Kaufmann in Kairo; und dieser Kaufmann war noch ein junger Mann, er mochte etwa zwanzig Jahre alt sein. Er liebte eine Jungfrau, deren Haus seinem Haus gegenüber lag; und die beiden liebten einander aus der Ferne, denn sie saßen an den Fenstern und machten sich Zeichen des Küssens und der Umarmung. Eines Tages nun legte die Jungfrau ihren Umhang an, öffnete das Fenster, das dem Fenster des Kaufmanns gegenüber lag, indem sie eine Tasse Kaffee, eine Uhr und eine Gallabîja in der Hand hielt. Dann setzte sie sich, und abwechselnd trank sie von dem Kaffee, stach die Nadel in die Gallabîja und schaute auf die Uhr. Darauf nahm sie die Sachen und trat in das Haus zurück; der Kaufmann aber sah sie seitdem nicht mehr am Fenster, und in seiner Trauer hatte er Tag und Nacht keine Ruhe. Er ward anders in seinem Aussehen und in seinem Benehmen gegen seine Familie, gegen die Kunden und gegen die Nachbarn. Und nun setzte er sich in den Sinn, den Laden zu schließen, umherzureisen und die Jungfrau im ganzen Lande zu suchen. So machte er sich denn auf und reiste, bis er zu einem Felde kam, auf dem sich ein arabischer Mann befand, der beim Essen war. Die Araber sind ja bekannt für ihre Gastfreiheit, und so rief der Beduine ihn nach ihrer Sitte an und sprach zu ihm: »Junger Mann, verbring die Mittagsruhe bei uns!« Da setzte er sich zu ihm, und als der Araber ihn fragte: »Wohin des Wegs, so Gott will?«, erzählte er ihm seine ganze Geschichte von Anfang bis zu Ende. Der Araber ging darauf zu seiner Tochter und sagte es ihr; und die sprach zu ihm: »Wenn er gegessen und sich ein wenig ausgeruht hat, laß ihn zu mir kommen; ich werde ihm die Sache lösen.« Schließlich – ich will dir die Rede nicht zu lang machen – nachdem der Kaufmann gegessen und ein wenig geruht hatte, führte der Araber ihn zu seiner Tochter, der Araberin. Die sprach zu ihm: »Erzähl mir deine Sache, und ich will sie dir lösen.« Nun erzählte er ihr die Geschichte, und darauf sagte sie: »Sieh mal, du allein kannst nicht zu dieser Geliebten gelangen; aber wenn ich bei dir bin, wird es dir möglich sein, dich mit ihr zu vereinen.« »Gut!« erwiderte er, »was soll ich also tun?« Sie fuhr fort: »Geh, werbe um mich bei meinem Vater und heirate mich; dann werde ich mit dir gehen!« Da warb er um sie bei ihrem Vater, heiratete sie und ging zu ihr ein. Nach einer

Woche machten die beiden sich auf und zogen von Ort zu Ort, bis sie auf ihrer Suche die Wohnstätte der Ägypterin fanden. Also die Araberin durchschaute das Zeichen, das die Ägypterin dem Kaufmann gegeben hatte, das sie ihm aber nicht eher erklären wollte, als bis er sie heiratete, und sie sprach zu ihm: »Schau, daß sie von dem Kaffee trank und die Uhr in die Hand nahm und an der Gallabîja nähte, das heißt, sie will dir andeuten: unter ihrer Wohnung befinden sich ein Kaffeewirt, ein Uhrmacher und ein Schneider. Und sieh, da sind die drei Läden unten in diesem ihren Hause. Setz du dich nun am Kaffeehaus hin, und was dann geschieht, das komm und erzähl mir zu Hause.« Der Kaufmann setzte sich nun am Kaffeehaus nieder, schaute auf und erblickte die ägyptische Dame, die auf den Balkon hinaustrat. Als sie ihn dort sitzen sah, erkannte sie ihn, ging zurück ins Haus, legte eine weiße Gallabîja an und kam wieder heraus. Darauf ging sie wieder zurück, kleidete sich in eine schwarze Gallabîja und trat vor ihn auf den Balkon; alsbald aber ging sie wieder hinein. Da begab er sich nach Hause und erzählte seiner arabischen Frau, was die Ägypterin getan hatte. Die sprach zu ihm: »Sie sagt: Jetzt ist es Tag; komm bei Nacht!« Er ging hin bei Nacht, fand die Haustür offen, ging hinein und setzte sich eine Weile, um auf sie zu warten. Aber sie kam nicht, und da wurde er schläfrig und schlief ein. Als sie dann kam, um ihn zu suchen, fand sie ihn nicht, machte sich wieder auf und ging traurig zurück. Darauf erwachte er, und weil er niemanden bei sich fand, machte er sich auf, eilte fort und erzählte davon seiner arabischen Frau. Nachdem es Tag geworden war, ging er hin und setzte sich am Kaffeehaus nieder. Die ägyptische Dame aber trat auf den Balkon, in eine schwarze Gallabîja gekleidet und mit einer brennenden Kerze in der Hand; darauf zog sie sich zurück ins Haus. Der Kaufmann ging zu seiner arabischen Frau und erzählte ihr, was geschehen war. Die sprach zu ihm: »Sie sagt dir: ›Wer liebt, schläft bei Nacht nicht; sein Herz brennt wie diese Kerze.‹ Geh darum heute nacht zu ihr und halt deine Augen offen, damit du nicht einschläfst! Und wenn dir irgend etwas zustößt, so schick einen Rufer auf die Straße, der soll ausrufen: ›O der du den Streich spielst, dein Spiel ist enthüllt‹.« Da ging der Kaufmann zum Hause der Ägypterin bei Nacht, trat ein und fand sie, wie sie im Hofe stand und auf ihn wartete. Als die beiden einander sahen, eilten sie aufeinander zu, sanken zu Boden und wußten nichts von der Welt und den Dingen der Welt. Aber da kam der Nachtwächter vorbei; der fand die Haustür offen, trat ein und sah die beiden am Boden liegen, umarmt in ihrer großen Sehnsucht nach Liebe. Da ergriff er sie und schleppte sie ins Gefängnis; dort erstattete er dem Aufseher Bericht. Dieser Aufseher hatte um diese Maid bei ihrem Vater gefreit, und der hatte sie ihm nicht geben wollen. Nun sandte er am nächsten Morgen an ihren Vater einen Brief, in dem er ihn aufforderte: »Komm sofort ins Amt wegen einer wichtigen Angelegenheit!«

Als nun der Kaufmann und die Jungfrau wieder zu sich kamen, fanden sie sich im Gefängnis. Da gab der Kaufmann dem Gefängniswärter einen Dinar und bat ihn: »Geh zu der-und-der Straße und ruf aus: ›O der du den Streich spielst, dein Spiel ist enthüllt‹.« Der Gefängniswärter ging hin und rief aus, wie jener ihm gesagt hatte. Ihn hörte die arabische Frau, und sie machte sich auf, eilte zum Gefängnis und gab dem Wärter einen Dinar mit den Worten: »Sei so gut und laß mich nur fünf Minuten meinen Bruder drinnen besuchen!« Der machte ihr auf, sie ging hinein und sprach zu der Ägypterin: »Auf, geh hinaus und begib dich zu deinem Hause!« Die ägyptische Jungfrau eilte zum Hause ihres Vaters, und während sie gerade zur Haustür hineinging, hörte sie den Vater rufen: »O Tochter!« »Mein Herr!«, erwiderte sie ihm. Er fuhr fort: »Richte mir das Wasser zum Gebet und das Handtuch!« Es war nämlich seine Gewohnheit, das Morgengebet kurz vor Sonnenaufgang zu verrichten. Nachdem seine Tochter ihm das Wasser zum Gebet gerichtet und er gebetet hatte, brachte sie ihm das Frühstück; und während er noch beim Essen war, traf der Brief des Aufsehers bei ihm ein. Sofort erhob er sich und ging hin zu ihm. Als der Aufseher ihn sah, rief er: »Also du willst mir deine Tochter nicht zur Frau geben; da ist sie nun gefangen in der Zelle mit ihrem Geliebten!« Der Vater der Jungfrau wunderte sich, gab dem Aufseher zur Antwort: »Deine Exzellenz möge nicht solche Worte führen! Sie hat mir doch heute morgen das Wasser zum Gebet gebracht.« Da befahl der Aufseher dem Wärter, die beiden zu bringen, die er bewachte; und als der sie vor ihn gebracht hatte, fragte er den Vater: »Ist das nicht deine Tochter?« Da gab aber die arabische Frau ihm die Antwort und sagte: »O Exzellenz Aufseher, ist das deine Gerechtigkeit? Ich und mein Mann, wir sind Fremde, und wir sind in deine Stadt gekommen; wir schliefen drinnen im Hause eines der Reichen, und da kam die Wache, griff uns auf und schleppte uns ins Gefängnis.« Nun hub der Vater der Jungfrau an und sprach zum Aufseher: »Ich muß unbedingt ein Ehrengericht anrufen; ich will dadurch meine Ehre von dir fordern.« Darauf bat der Aufseher ihn um Verzeihung, und die beiden versöhnten sich miteinander. Dann gingen die arabische Frau und ihr Mann zum Hause des Vaters der Ägypterin und erzählten ihm die ganze Geschichte von Anfang bis zum Ende. Die Araberin aber sagte zu ihm: »Da er all diese Mühe ihretwegen gehabt hat und wir deine Ehre geschützt haben, mußt du sie ihm zur Frau geben.« Da holte der Vater den Standesbeamten; der Vertrag ward aufgesetzt, und die Unterschriften wurden hinzugesetzt, und unser Held ging zu seiner Heldin ein. Sie lebten alle miteinander in Freuden und in Herrlichkeit und hatten Söhne und Töchter zu ihrer Zeit.

Daus, daus – die Geschichte ist aus!

»War sie gut erzählt oder geschwätzt?« (Ein Hörer:) »Gut erzählt!« – (Die Erzählerin:) »Du hast ein Lied zu singen gewählt. Tralala – tralala, mein Augenstern, ha ha ha!«

Die Geschichte vom Kaufmann, seiner Frau und seiner Schwester, der Jungfrau Sabâh

Es war einmal, ach, wieviel ist gewesen,
ihr Leute glücklich und auserlesen!
Die Rede kann nur dann Freude schenken,
wenn wir des Propheten – über ihm sei Segen und Heil! – gedenken.

Es war einmal ein reicher Kaufmann – doch niemand ist reich außer Allah –, der wollte nach den Landen von Vorderindien und Hinterindien reisen. Da beschaffte er viele Waren und lud sie auf eine Galeone und reiste ab im Vertrauen auf Gott. Ehe er jedoch abreiste, nahm er von den Seinen Abschied, von seiner Frau und seiner Schwester, und legte ihnen ans Herz, das Haus zu betreuen und es nie zu verlassen, um auszugehen. Das Haus stand am Meeresstrande; und die Seinen stiegen aufs Dach und winkten ihm zum Abschied, bis die Galeone ihren Augen entschwand. Die Schwester des Kaufmanns aber erblickte, während sie von ihrem Bruder Abschied nahm, einen schönen Jüngling – doch niemand ist schön außer unserem Herren Mohammed. Da senkte sich die Liebe zu ihm in ihr Herz. Dieser schöne Jüngling war der Sohn des Sultans. Als sie dann mit der Frau ihres Bruders hinuntergegangen war und als die Zeit des Mittagessens kam, sagte die Frau zu ihr: »Komm, wir wollen essen!« Aber sie erwiderte: »Ich habe keinen Hunger.« Wie das Abendessen kam, wollte sie wieder nicht essen; und als die Frau sie fragte, warum sie nicht äße, antwortete sie: »Ich bin so traurig, weil mein Bruder abgereist ist.« Aber die Frau ihres Bruders bemerkte, daß ihr Aussehen verändert war, wie sie nicht essen noch trinken wollte. Dann sprach sie zu ihr: »Liebe Schwester, das ist nicht Trauer, das ist auch keine Krankheit. Sag mir, was dein Herz bedrückt. Vielleicht kann Gott dir durch mich helfen.« »Bist du eine, die ein Geheimnis verbergen kann?« »Wie ein tiefer Brunnen!« Dann erzählte die Schwester: »Ich sah den Sohn des Sultans, wie er auf dem Dach seines Palastes stand, als wir von meinem Bruder Abschied nahmen. Von dem Augenblick an brannte ein Feuer in meinem Herzen, liebe Schwägerin, ich kann nicht mehr essen, nicht mehr schlafen, ich weiß nichts mehr von der Welt, ich bin nur noch wie von Sinnen.« Darauf sagte die Frau: »Du hast unrecht getan. Warum hast du mir das nicht sofort gesagt? Ich hätte die Sache für dich schon einrichten können. Aber laß gut sein, alles braucht seine Zeit!« Nun ließ die Frau ihres Bruders einen Bauarbeiter kommen und beauftragte ihn, für sie einen unterirdischen Gang zu machen, der zum Hofe des Sultanschlosses führte. Darauf kaufte sie für die Jungfrau drei prächtige fürstliche Gewänder, und eines Abends schmückte sie sie, machte sie schön, kleidete sie an, so daß sie wie die Braut aus einem Schatzhause aussah. Auch gab sie ihr den Weg zum Schlafzimmer des Prinzen an; und Sabâh ging hin und legte sich auf dessen Lager. Darauf, als er kam, um sich auf das Lager zu legen, sah er dort ein Menschenkind liegen, so schön wie der Vollmond in der vierzehnten Nacht. Er koste sie, bis sie aus dem Schlafe aufwachte, und nun tändelten und scherzten die beiden miteinander, bis er sein Ziel bei ihr erreichte. Als er dann schlafen wollte, fürchtete er, sie könnte ihm entfliehen, während er schliefe, und darum wickelte er ihr Haar um seine Hand und schlief ein. Darauf, beim Morgengrauen, kam die Frau ihres Bruders zu ihr und sprach zu ihr:

»O Sabâh
der Morgen ist wach!
Die Nacht verhüllt
und der Tag enthüllt.«

Jene erwiderte: »Er hat mein Haar um seine Hand gewickelt.« Doch die Frau sagte: »Schneid es ab; ich will dir anderes dafür wachsen lassen!«

Auch am nächsten Abend schmückte die Frau sie, machte sie schön und kleidete sie mit dem zweiten Gewande an; und Sabâh ging wiederum hin und legte sich auf das Lager des Prinzen. Als es Schlafenszeit war, trat er in sein Zimmer und fand sie auf seinem Lager liegen. Nun hatte der Prinz seiner Mutter von der Sache berichtet, und die hatte zu ihm gesagt: »Das ist ein Traum.« »Nein«, hatte er ihr erwidert, »das ist

Wirklichkeit! Und hier ist abgeschnittenes Haar von ihr an meiner Hand, wie ich es umgewickelt habe, ehe wir einschliefen.« Darauf hatte sie gesagt: »Wenn sie heute abend zu dir kommt, so ruf mich; ich weiß, was ich mit ihr zu tun habe.« Also unser Held, der Prinz, weckte sie auf und begann mit ihr zu tändeln wie in der Nacht vorher. Nun wollte er seine Mutter rufen, wie die ihm geraten hatte; aber er schwankte zwischen zwei Gedanken: wenn er sie verließe und fortginge, um seine Mutter zu rufen, so könnte er vielleicht bei seiner Rückkehr die Maid nicht mehr vorfinden; daher zog er es vor, bei ihr zu bleiben. Und als sie schlafen wollten, legte er seinen Fuß an ihren Fuß und schloß den Fußring über beide; dann schliefen sie ein. Als ihre Schwägerin kam und sie rief wie zuvor, sprach die Maid zu ihr: »Er da hat den Fußring über seinen Fuß und meinen Fuß geschlossen!« Jene erwiderte: »Zerbrich ihn; ich werde dir einen anderen schmieden lassen!« Darauf eilte sie nach Hause.

Auch am dritten Abend kleidete die Frau sie an und machte sie schön, und sie trug das dritte Gewand und ging hin wie gewöhnlich. Als die Schlafenszeit kam, trat der Prinz ein, fand sie auf seinem Lager schlafen, weckte sie und begann mit ihr zu tändeln, bis sie beide schlafen wollten. Da nahm er ihr ihre Kleider ab und legte die unter seinen Kopf, aus Furcht, sie könnte wieder weglaufen. Später, ehe der Tag anbrach, kam die Frau ihres Bruders und rief sie. Da sagte die Maid: »Er hat meine Sachen unter seinen Kopf gelegt.« »Laß sie«, erwiderte die Frau, »ich werde dir andere bringen!« und eilte mit ihr fort. Dann sagte sie: »O Sabâh, jetzt hast du genug von ihm gehabt in den drei Nächten; und nun, meine Tochter, ist es das beste, wenn wir den unterirdischen Gang verschließen und nicht mehr hin- und hergehen; sonst wird dein Bruder uns beide töten, wenn er davon erfährt.« Die Herrin Sabâh wurde schwanger; die Tage vergingen und die Tage kamen, bis neun Monate vollendet waren, und da brachte sie einen Knaben zur Welt, der war schön wie der volle Mond.

All dies geschah, während ihr Bruder noch nicht von seiner Reise zurückgekehrt war. Die Frau ihres Bruders aber kleidete den Knaben an, machte ihn schön, ging insgeheim hin, legte ihn auf das Lager seines Vaters und kehrte nach Hause zurück. Als die Schlafenszeit kam, trat der Prinz in sein Zimmer und fand auf seinem Lager einen Knaben, der weinte und wâ-wâ schrie. Da rief er seine Frau Mutter und zeigte ihr das Kind. Die sagte: »Mein Sohn, seine Augen sind wie deine Augen, und sein Gesicht ist wie dein Gesicht, und alles an ihm ist wie du selber.« Dann übergab die Frau Mutter des Prinzen den Knaben den Ammen und schickte ihn fort mit den Dienerinnen, die nach seiner Mutter suchen sollten. Es traf sich auch, daß eine von den Dienerinnen zum Hause seiner Mutter ging. Nun hatte die Mutter des Prinzen den Dienerinnen eingeschärft: »Wenn ihr eine seht, die sich freut und eilends das Kind an sich reißt, so merkt sie euch und berichtet mir von ihr!« Als seine Mutter es sah, nahm sie es, küßte es, säugte es und sang ihm ein Liedchen:

»O mein Söhnchen, der Sohn von drei Nächten!
In der ersten Nacht schnitt er mir meine Flechten.
In der zweiten zerbrach er meinen Fußring mit der Hand.
In der dritten nahm er mir mein Gewand.«

Darauf gab sie den Knaben der Pflegerin und sprach zu ihr: »Was hab ich gesagt, Frau Pflegerin?« Die erwiderte ihr: »Du sagtest:

›O mein Söhnchen, du Sohn von drei Nächten!
In der ersten Nacht schnitt er mir meine Flechten.
In der zweiten zerbrach er meinen Fußring mit der Hand.
In der dritten nahm er mir mein Gewand.‹«

Dann sagte Sabâh zu ihr: »Du bist aber klug, meine Freundin! Laß mich deine Zunge küssen!« Und sie küßte ihre Zunge und biß ihr den Rand der Zunge ab, so daß die Pflegerin stumm wurde und nicht mehr reden konnte. Ebenso tat Sabâh mit jeder der Dienerinnen, die kam, bis auf die Sklavin der Erzieherin des Prinzen. Die kam zu der Mutter des Knaben und stellte sich taub und dumm. Als dann die Mutter dem Kinde vorsang, wie sie vorher gesungen hatte, und die Sklavin nach dem fragte, was sie gesagt hätte, antwortete diese: »Ich bin bei Gott ein mühseliges, elendes Ding. Mich hat man von dem Gefangenenwärter gekauft, und ich bin im Hause des Sultans erzogen. Ich weiß nichts von Kommen und Gehen. Das ist mein Leben, das ich geführt habe, solange ich lebe.« Nun sagte Sabâh zu ihr: »Nimm das Kind und geh fort!« Da begab sich die Sklavin zu der Frau Mutter des Prinzen und erzählte ihr alles, was sie gehört hatte. Die freute sich, daß dies der Sohn der Schwester des Kaufmanns, ihres Nachbarn, war; und sie erzählte ihrem Sohn die Geschichte von Anfang bis zu Ende.

Nun kehre unsere Erzählung zum Kaufmann zurück! Er kehrte von der Reise heim und begrüßte die Seinen. Da kamen die Kaufleute und die Freunde, um ihn zu begrüßen, und sie beglückwünschten ihn zu seiner Heimkehr. Eines Tages kam plötzlich ein Brief vom Prinzen, in dem der Kaufmann zu einer Einladung gebeten wurde, die der Prinz veranstaltete. Er ging hin und küßte dem Prinzen die Hand, und der ließ ihn neben sich sitzen. Zum Schluß gab der Prinz allen das Zeichen zum Aufstehen außer dem Kaufmann, dem Bruder von Sabâh; den hielt er zurück, bis alle eingeladenen Kaufleute fortgegangen waren, und dann sprach er zu ihm: »Ich will ein Wort mit dir reden.« »Geruhe, zu reden, o Königliche Majestät!« erwiderte jener. Und der Prinz fuhr fort: »O du, deine Taube kam zu uns, legte ein Ei und brütete es aus bei uns, warum schenkst du sie nicht an uns?« Als der Kaufmann diese Worte hörte, ward sein Sinn ratlos, da er diese Rede nicht verstand. So nahm er denn Abschied von dem Prinzen und eilte traurig nach Hause. Als die Zeit des Essens kam, rief seine Frau ihn, er möchte essen; aber er weigerte sich. Da gab sie ihm gute Worte, um den Grund zu erfahren, der ihn so traurig stimmte. Wie er ihr die Worte berichtete, die der Prinz gesagt hatte, rief sie: »Wegen der Worte bist du auch noch traurig? Sind das Worte, die traurig machen können? Er sagt dir, daß er mit dir verwandt werden, das heißt, daß er deine Schwester, die Herrin Sabâh, heiraten will.« Der Kaufmann fragte sie: »Sind diese Worte Ernst oder Scherz?« Sie erwiderte: »Beim Propheten, Ernst, wie er nur sein kann!« Sofort machte er sich auf und eilte dahin zum Schloß des Prinzen; dort bat er um Empfang bei ihm; der Prinz empfing ihn und fragte ihn: »Was wünschest du, Meister der Kaufmannsgilde?« Jener gab zur Antwort: »Es lebe das Haupt des Prinzen und des Sultans! Ich bin dein Diener, und meine Schwester ist deine Dienerin.« Erfreut ließ der Prinz den Kadi und die Zeugen kommen; der Vertrag ward aufgesetzt und die Unterschriften wurden hinzugesetzt, und man feierte vierzig Tage frohe Gelage und Nächte der Herrlichkeit für der Herrin Sabâh Ehrenzeit. Der Prinz ging zur Schwester des Kaufmanns ein und machte ihr Vorwürfe, weil sie nicht mehr zu ihm gekommen war; doch dann ruhten sie miteinander im schönsten Verein. Als es Morgen wurde, kam der Kaufmann, um seine Schwester zu begrüßen und sie zum Hochzeitsmorgen zu beglückwünschen, wie es Sitte ist. Wie er nun aus der Vorhalle ins Zimmer trat, fand er seine Schwester, wie sie ein kleines Kind im Arme trug; erschrocken lief er nach Hause zurück, ohne daß seine Schwester ihn sah. Dort erzählte er seiner Frau, was er gesehen hatte; und die sagte zu ihm: »Wie dumm du bist! Bist du denn noch klein? Weißt du nicht:

Die Frau, die im November die Ehe beginnt,
empfängt am Abend und bekommt am Morgen ein Kind?«

Er antwortete: »Diesen Spruch habe ich noch nie gehört!« Dann machte er sich auf, eilte zum Hause des

Prinzen und beglückwünschte ihn und seine Schwester zu dem gesegneten Neugeborenen; auch verteilte er Geschenke an alle Diener und Dienerinnen. Der Prinz gewährte ihm den Rang eines Wesirs zur Rechten; und die beiden lebten in Freuden und Herrlichkeit und hatten Söhne und Töchter zu ihrer Zeit.

Schaut, ich bin bei ihnen gewesen und zu euch gekommen!
Daus, daus – die Geschichte ist aus.

Die gute Tochter

Es war einmal so ein Eisenfresser, der war gewaltig reich. Der hatte auch eine Tochter, die die Eltern sehr liebten, alle beide liebten sie, der Vater geradesogut wie die Mutter. Die Mutter war aber auch sehr mitleidig und gab immer den Armen.

Kam da eines Tages eine arme Frau vorbei und bittet um ein Almosen für ein Mädchen, das heiraten sollte, und bevor sie ihr was gibt, sagt die Mutter:

»Die heiraten soll, ist das nicht diese Schlampe, die wegen ihrem Fehltritt jetzt ein Kind kriegt?«

»Jawohl, Señora, aber Gottseidank, sie wird jetzt heiraten.«

Schön, sie gab ihr ein Almosen, eben soviel, wie ihr passend schien. Die Frau bedankte sich und ging weg.

Nur drei oder vier Tage später fühlte sich die Mutter plötzlich krank, sie bekam Fieber, viel Fieber, viel Fieber, und schließlich starb sie. Und die arme Tochter, die ihre Mutter so plötzlich sterben sah, die war schrecklich verzweifelt.

Aber lassen wir die Lebenden und beschäftigen wir uns lieber mit den Toten: Man beerdigte die Mutter, aber die Erde wollte sie nicht bedecken, vom ersten Moment an deckte die Erde den Leichnam nicht zu. Täglich ging der Vater zum Friedhof, brachte Leute mit, die Erde über die Leiche schaufelten, aber sie deckte sie nicht zu.

Und eines Tages, der Vater kam ganz traurig nach Hause, da sagte die Tochter zu ihm:

»Papa, was hast du immer? Hab ich nicht genug Leid mit dem Tod der Mutter? Mußt du auch noch so traurig nach Hause kommen? Sag mir wenigstens, was dich bedrückt.«

»Ach, meine Tochter, seit wir deine Mutter beerdigten, hat die Erde ihre Leiche noch nicht bedeckt. Ich hole Leute, die sie zuschaufeln, aber es nutzt einfach nichts.«

Da wurde die Tochter schrecklich traurig, bis ihr nachts im Traum die Mutter erschien.

»Ach meine Tochter, weißt du, warum mir sowas passiert? Wegen dem, was ich damals sagte, an dem Tag, als diese Frau vorbeikam und um ein Almosen bat für die Heirat dieses unglücklichen Mädchens. Jetzt werde ich keine Ruhe finden, wenn du nicht auch eine Schlampe wirst.«

Am nächsten Morgen stand die Tochter auf, ganz traurig, ganz verzweifelt, und sagte es ihrem Vater, und sie sagt:

»Ich muß eine Schlampe werden und auch einen Fehltritt begehen, meine Mutter darf doch nicht so offen liegen bleiben, wo jeder es sieht, der vorbeikommt.«

Da weinte der Vater bittere Tränen, und er ging auf

seine Felder, holte Essen für ein ganzes Jahr für die Tochter und ihre Magd, und er sagte ihr:

»Da, das ist für dich und dein Schicksal. So Gott will, werden wir uns wiedersehen, wenn nicht, dann Gott befohlen.«

Gut, er verabschiedet sich von ihr, und kaum war der Vater weg, da nahm sie die schwarzen Vorhänge vom Fenster und hing durchsichtige auf. Sie räumte das Haus auf, öffnete die Türen und brachte ein Schild an, darauf stand: Wer reinkommen will, soll reinkommen.

Gerade in diesen Tagen kam ein Schiff mit Touristen an, und alle gingen in ihrem Haus aus und ein. Kommt da auch ein Prinz, der Sohn eines Königs, durch die Straße und sagt sich:

»Wenn sowas am Haus steht, darf ja wohl wirklich jeder eintreten.«

Und er kam rein und traf sie in einem Sessel sitzend, teuer angezogen und nach Parfüm duftend, sie sah aus wie ein Engel. Sie rief nach der Magd und fuhr Wein auf, viele Salate und andere gute Sachen. Nach dem Essen setzt sich der Prinz ganz höflich neben sie und sagt:

»Meine Gute, wir werden doch nicht ewig hier sitzen bleiben, wir sollten jetzt lieber miteinander schlafen.«

Da sagt sie:

»Gut, schlafen wir miteinander, aber nur, wenn du mir ein Pfand gibst.«

Und er gibt ihr ein Medaillon, das er bei sich trug, ein wunderschönes, und sie schliefen miteinander.

Am nächsten Tag passiert das gleiche, und diesmal

gab er ihr eine Uhr, die er mitgebracht hatte. Ja, und inzwischen sollte das Schiff wieder auslaufen, der Prinz verabschiedete sich, aber beim Weggehen sagte er ihr, er will ihr noch ein Pfand geben, und er gab ihr eine goldene Schärpe. Als der Prinz fort war und alle anderen auch, nahm sie die durchsichtigen Vorhänge ab, brachte wieder die Trauervorhänge an und blieb zu Haus.

Seit sie aber diesen Fehltritt begangen hatte, blieb ihre Mutter auf dem Friedhof von Erde bedeckt, sie erschien ihr wieder im Traum und bedankte sich. Die Tochter aber begann seitdem die Monate zu zählen, denn sie befand sich in andern Umständen. Sie war schon zwischen dem siebten und achten Monat schwanger, da kam ihr Vater zurück. Da sagte sie zu ihm:

»Vater, jetzt wo du zurückgekommen bist, geh ich weg. So Gott will, sehen wir uns wieder, wenn nicht, dann Gott befohlen.«

Und sie ging weg, sagen wir mal nach Madrid. Dort zog sie frische Kleider an, ging durch die Straßen und sah, daß man ein Haus frisch kalkte. Sie fragte die Maler, wozu sie das machten, und die Maler sagten, weil der Prinz bald heiratet.

Da klopfte sie an die Tür dieses Palastes, es kam eine Dienerin, die fragte, was sie wolle. Sie sagte:

»Ich hörte, daß der Prinz bald heiraten wird. Kann ich hier Arbeit finden?«

Man holte die Königin, und da diese sah, daß sie in anderen Umständen war, und mit diesem hübschen Gesicht, hatte sie Mitleid und ließ sie arbeiten.

Als sie Vertrauen zu den Mädchen gefaßt hatte, die mit ihr arbeiteten, sagte sie:

»Ich hatte mal einen Bräutigam, aber der machte sich davon und ließ mich in diesem Zustand sitzen.«

Eine Dienerin sagte das der Königin weiter, die Königin ließ einen Korb kommen und alles sonst, was sie noch brauchte, und als sie sich schlecht fühlte, holten sie die Hebamme und sie bekam ein wunderschönes Kind.

Als es die Königin erfuhr, kam sie gleich, es anzuschauen, und sagte:

»Was für ein hübsches Kind! Ach, mein Sohn mag doch kleine Kinder so gern, ich muß es ihm zeigen.«

Und das Mädchen arrangierte es so, daß sie dem Kind das Medaillon umhing und die Uhr und es in die goldene Schärpe einwickelte, und so gab sie es der Königin, um es ihrem Sohn zu bringen.

Die Königin geht und zeigt es ihrem Sohn und sagt:

»Schau nur, mein Sohn, was für eine Freude ist uns ins Haus gekommen. Schau, was für ein zauberhaftes Kind!«

Und der Prinz nahm das Kind auf die Arme, und plötzlich erkannte er das Medaillon, die Uhr und die Schärpe und sagte:

»Mutter, das ist ja mein Kind, und sie ist meine Frau.«

Und er erzählte ihr alles, was damals passiert war.

Als die Königin sah, daß es ihr eigener Enkel war, machte sie die Hochzeit, die für die andere gedacht war, mit der Tochter des Eisenfressers.

Und sie waren alle sehr zufrieden.

Auf die Frau kommt es an

Es war an einem Abend unter Abenden, daß Harun al Raschid und Zubaida wie so oft am Fenster standen und philosophierten, während sie das Schauspiel auf der Straße betrachteten. Ehrlich gesagt bot die Straße an jenem Abend gar kein Schauspiel: Dichter Regen fiel aus dem wolkenschweren Himmel, und niemand war unterwegs. Wirklich niemand? Doch, ein Mann kam die Straße herauf. Das Wasser der Pfützen spritzte unter seinen bloßen Füßen auf. Er trug einen rußgeschwärzten Topf auf dem Kopf, und als er näher gekommen war, vernahmen sie sein Rufen: »Puffbohnen, kauft Puffbohnen!«

»Welcher Narr würde jetzt wohl aus dem Haus gehen und seine Puffbohnen kaufen?« bemerkte der Sultan.

»Kalte Puffbohnen ...« ergänzte Zubaida.

»Bei Gott, mein Herz krampft sich zusammen beim Anblick dieses alten Mannes! Wie läßt sich bloß erklären, Zubaida, daß es auf Erden Menschen gibt, die eher Tieren denn menschlichen Wesen gleichen?«

»Das kommt ganz auf ihre Frau an, Gebieter!«

»Was denn, auf ihre Frau kommt es an? ... Dann verdanke ich also deiner Meinung nach meinen Reichtum und meine Macht nur dir allein, Zubaida? Weiß Gott! Ich habe noch nie eine unverschämtere Behauptung gehört!« schrie da Harun al Raschid. »Nun, wenn dem so ist, dann verschaffe diesem Mann Macht und Reichtum, du bist nämlich von nun an seine Frau. Holt diesen Bohnenhändler herauf!« befahl er hierauf seinen Dienern.

Bald darauf stand der Bohnenhändler, den zwei Wachen vor sich hergeschoben hatten, vor ihnen und zitterte vor Furcht und Kälte.

»Hier steht deine Frau« sagte der Sultan zu ihm, »nimm sie mit dir!«

»Ich habe aber schon eine Frau und sieben Töchter, die ich ernähren muß, o Gebieter, und es gelingt mir nur mit größter Mühe. Wie soll ich es mit einer Person mehr im Haus anstellen?«

»Es sei, wie ich gesagt habe«, unterbrach ihn Harun al Raschid. »Ihr könnt gehen«, fügte er hinzu, ohne Zubaida, die sich inzwischen verschleiert hatte und schweigend wartete, noch eines Blickes zu würdigen.

Der Bohnenhändler verließ sodann schweren Herzens den Palast. Und er lenkte seine Schritte immer weiter weg vom Stadtzentrum, den Straßen, an denen die Häuser der reichen Kaufleute lagen. Die Frau des Sultans ging hinter ihm her und schließlich kamen sie zur Stadtmauer, wo man nur noch ärmliche Häuser sehen konnte, die eher Ruinen als Behausungen glichen. Er trat in den Hof der baufälligsten von allen Hütten und stieß eine Tür auf, die aus schlecht aneinandergefügten Brettern bestand.

Im Zwielicht erkannte Zubaida Frauen, die um einen Kanonenofen saßen, der kaum glühte. Sie waren in Lumpen gehüllt. Ihre Haare hatten allem Anschein nach noch nie Bekanntschaft mit einem Kamm gemacht. Einzig und allein die Augen hatten etwas menschliches an sich in ihren von Erde und Ruß verschmierten Gesichtern.

»Was bringst du uns zum Essen?« fragten sie den Bohnenhändler und warfen auf Zubaida nur flüchtige Blicke.

»Hier, eßt das!« antwortete darauf der Vater und stellte den Topf geräuschvoll auf den Kanonenofen. »Ich habe nichts verkauft.«

Er forderte Zubaida auf, sich auf einen Lumpen zu setzen, schöpfte für sie einige Puffbohnen in eine irdene Schüssel mit angeschlagenem Rand und brachte sie ihr. Zubaida aß zwei Puffbohnen, die schwarz wie Brombeeren, kalt und zu allem Überfluß noch nicht einmal gar waren. Dann wickelte sie sich in ihren Schleier und legte sich nieder, während sie sich sagte, daß sie bei Tage alles bedenken würde.

Sie erwachte am anderen Morgen, als die Frauen noch schliefen. Der Mann aber hackte im Hof bereits Holz.

»Hör mal« sagte sie zu ihm und gab ihm ihren Ring, den sie am Finger trug, »va à la Barkè. Grüße den amine der Juweliere von mir und sag ihm, er soll diesen Ring als Pfand behalten und dir Geld dafür geben.«

Kaum war er davongegangen, da nahm sie eine

kräftige Gerte, trat ins Zimmer und schlug damit mitten in den Haufen der Mädchen, die, um sich zu wärmen, eng aneinandergeschmiegt lagen, und befahl: »Aufstehen, ihr Faulenzerinnen!«

Ohne ihnen Zeit zum Nachdenken zu geben, hieß sie die eine Wasser aus dem Brunnen schöpfen, eine andere die Lumpen und Schaffelle, die ihnen als Bett gedient hatten, in den Hof tragen, und der dritten befahl sie, die Spinnweben von der Decke zu entfernen; wieder eine andere fegte, eine andere hackte Holz, während eine ihrer Schwestern Feuer machte, um das Wasser zu erhitzen. Sie ließ die Schaffelle scheren und die so gewonnene Wolle waschen.

Unterdessen war der Bohnenhändler mit dem Geld zurückgekehrt. Sie schickte ihn sogleich wieder los zum Suk, um Einkäufe zu erledigen. Sie zeigte den Mädchen, wie man sich kämmt, und hieß sie, sich mit warmem Wasser gründlich zu waschen.

Aber dehnen wir unseren Bericht nicht weiter in die Länge: Kurze Zeit vor der Mitte des Tages trat der Bohnenhändler aus seinem Haus, sauber und in angemessener Kleidung. Sein neuer Topf verströmte einen angenehmen Duft, der einem verführerisch, ja unwiderstehlich in die Nase stieg. Zubaida hatte die Zubereitung der Puffbohnen selbst überwacht und eine reiche Würzmischung zubereitet: Kümmel, Zitrone, frische harissa und Öl von guter Qualität. Es dauerte auch nicht lange und der Mann kam strahlend und mit leerem Topf zurück.

»Ich habe alles verkauft« sagte er und übergab Zubaida das Geld. »Wenn ich noch einen Topf voll gehabt hätte, hätte man mir auch diesen leergekauft, denn alle wollten davon haben!«

»Morgen wird es zwei Töpfe voll geben« versicherte darauf Zubaida. »Für heute bleibe zu Hause, denn wir brauchen deine Hilfe.«

Noch vor Einbruch der Nacht stand im Zimmer, das nun sauber roch, das Essen auf dem Kanonenofen bereit, und Zubaida erklärte der Mutter und deren Töchtern, wie man die Wolle vor dem Spinnen kämmt.

Von nun an verging kein Tag, der nicht eine Verbesserung mit sich gebracht hätte. Zubaida war der Kopf, und sie waren die Hände. Außer seinen Puffbohnen verkaufte der Händler nun auch gesponnene Wolle und selbstgebackenes Brot, denn Zubeida hatte ihm gezeigt, wie man im Hof eine tabouna baut.

Sodann kauften sie einen Esel, der die Töpfe, das Brot und die Wolle trug. Und der Händler verkaufte mehr und verdiente natürlich mehr.

Schließlich konnte Zubaida auch ihren Ring wieder auslösen.

Sie erwarben noch zusätzliche Esel, die sie ohne weiteres vermieten konnten.

Der Händler und seine Familie lebten nun in einem erfreulichen Wohlstand. Zubaida hatte ihnen zudem richtiges Sprechen und gepflegte Umgangsformen beigebracht. Sie lehrte sie, von ihrem Lerneifer ermutigt, sogar das Lesen und Schreiben.

Eines Morgens erschien ein Marokkaner, der alle Esel mieten wollte – sie hatten inzwischen zehn davon. Er bot einen guten Preis, den er im voraus bezahlte.

Der Tag ging vorüber und es dämmerte schon, aber die Esel waren immer noch nicht zurückgebracht worden. Schließlich herrschte stockfinstere Nacht, und noch immer waren sie nicht zurückgekehrt. Die Bewohner des Hauses sagten sich bereits, daß sie sie nie mehr wiedersehen würden, als plötzlich ein Esel mit seinem Kopf die Tür aufstieß und in den Hof trabte, gefolgt von den neun übrigen. Sie waren vollzählig, nur der Marokkaner war nicht bei ihnen.

Zubaida jedoch, die um die Geschicklichkeit der Marokkaner wußte, Geldschränke zu öffnen, zieht daraus den Schluß, daß er einen Tresor geknackt hat und darin eingeschlossen zurückgeblieben ist. Man macht sich daran, die Esel zu tränken und zu füttern, und bemerkt dabei, daß ihre Tragkörbe voll Sand sind.

»Zahlt man denn so viel, nur um Sand zu transportieren ...« sagt sich Zubaida, und sie schiebt mit den Händen den Sand beiseite, der sich lediglich als eine dünne Schicht herausstellt: Der übrige Korb ist mit Goldstücken gefüllt!

Da schließt sie sogleich die Tür und läßt einige Löcher in den Boden des Zimmers graben. Zu zehnt hatten sie gerade genügend Zeit, um die zwanzig Körbe noch vor Tagesanbruch in die Löcher zu leeren und die Strohmatten darüberzubreiten. Gleich am anderen Tag rief Zubaida die besten Zimmerleute der Stadt zu sich.

»Kauft die Häuser gegenüber dem Palast des Sultans um jeden Preis auf. Laßt sie niederreißen und errichtet an derselben Stelle einen Palast, der dem des Sultans sowohl von außen als auch von innen völlig gleicht.

Und stellt dazu soviele Arbeiter an, wie notwendig sind, um Tag und Nacht zu arbeiten.«

Sie taten, wie ihnen gesagt worden war. Und innerhalb weniger Monate war der Palast erbaut.

Alsdann bestellte Zubaida die Tischler und die Polsterer. Und einige Wochen später war der Palast haargenauso eingerichtet und ausgeschmückt wie der des Sultan. Es gab sogar ein Zimmer für Zubaida, das mit dem, welches sie bei Harun al Raschid bewohnt hatte, identisch war.

Nun wählte Zubaida für den Bohnenhändler Gewänder von solch auserlesenem Geschmack aus, daß sie ihm ein großartiges Aussehen verliehen.

Sie stellte sodann eine große Zahl von Bediensteten ein. Und sie zogen daraufhin alle in den Palast ein.

Zubaida verbreitete geschickt die Kunde, der Hausherr sei ein Hindu und besäße ein unermeßliches Vermögen. Und um diese Geschichte glaubwürdiger zu machen, füllte sie ihm die Rocktaschen jeden Tag mit Goldstücken, die er im hammam oder im Kaffeehaus in Form großzügiger Trinkgelder für kleine Gefälligkeiten, wie etwa das Bringen des Kaffees, das Bereitstellen der Babuschen oder das Zureichen seines Burnus beim Gehen verteilte. Sie riet ihm außerdem, vor dem Verlassen des Kaffeehauses nach Feierabend alles übrige Geld auf den Boden fallen zu lassen, das somit für die Armen bestimmt sein würde.

Nun erschienen diese Armen für gewöhnlich vor dem Palast des Sultan, um dort ein Almosen zu erhalten. Da sie von dem Hindu reichlich versorgt wurden, gingen sie jetzt nicht mehr dorthin. Und Harun al

Raschid wunderte sich darüber, sie nicht mehr zu sehen. Und so fragte er Dschaffar, den Barmekiden, ob er den Grund dafür kenne.

»Das kommt daher, daß sich ein reicher Hindu in unserer Stadt niedergelassen hat, Gebieter. Er wohnt in dem neuerbauten Palast gegenüber dem deinen. Er zählt sein Geld nicht nach und verschenkt eine beträchtliche Menge davon an die Armen.«

»Wenn er so reich ist, wie du sagst, dann gewährt er uns vielleicht eine Anleihe, um unsere leeren Kassen zu füllen.«

»Das ist gut möglich, Gebieter.«

»Wir gehen also heute Abend aus, Dschaffar, mache dich fertig.«

»Sehr wohl, Gebieter.«

Harun al Raschid und Dschaffar, der Barmekide, gingen des öfteren verkleidet aus, um nach Belieben alles zu beobachten, was in ihrem Land vor sich ging.

Aus gegebenem Anlaß nahmen sie diesmal das Aussehen reicher Kaufleute an und ließen sich im Kaffeehaus unweit des Hindu nieder, dessen Bekanntschaft sie zu machen wünschten.

Sie kamen umso schneller ins Gespräch, als der Bohnenhändler sehr wohl den Sultan erkannt hatte, obgleich dieser nicht in der Lage war, ihn wiederzuerkennen: Denn der Sultan hatte den Elenden mit den eingefallenen Wangen, dem er Zubaida gegeben hatte, nicht genau angesehen, und der Mann, der heute neben ihm saß, war elegant gekleidet, und man vermutete vielmehr, daß er an den hammam und an gutes Fleisch gewöhnt war.

Was Harun al Raschid an Freigebigkeit am Hindu beobachtete, veranlaßte ihn am nächsten Tag und an den darauffolgenden Abenden wiederzukommen. Nach einer Woche sagte er zu seinem neuen Freund:

»Ich habe zur Zeit Schwierigkeiten, meine Einnahmen einzutreiben. Du bist zwar noch jung, aber du weißt bestimmt, wie das so ist mit dem Geld, mal kommt es und mal geht es. Könntest du mir, natürlich nur, wenn es dich nicht belastet, hunderttausend Goldstücke leihen?«

Der Bohnenhändler, den Zubaida über alles unterrichtet hatte, antwortete darauf:

»Es wird mir ein Vergnügen sein, dir aus der Klemme zu helfen! Willst du mir die Freude machen und morgen abend zu mir nach Hause zum Essen kommen, dann können wir in aller Ruhe darüber weiterreden.«

Dies nahm der Sultan gerne an, denn er war neugierig darauf, das Innere dieses Palastes, der dem seinen so sehr glich, zu sehen.

Zubaida begnügte sich nun aber nicht damit, den Köchen Anweisungen zu geben, sondern sie bereitete selbst alle Speisen zu, die Harun al Raschids Leibgerichte waren. Danach deckte sie die Tafel, sagte den Bediensteten, in welcher Reihenfolge die Gänge serviert werden mußten, und verbarg sich schließlich hinter einem Vorhang, um alles beobachten zu können, ohne selbst gesehen zu werden.

Der Sultan aber fiel bei seinem Gastgeber von einer Überraschung in die andere. Er hatte den Eindruck, in seinem eigenen Haus zu sein: Dieselbe Aufteilung der Räume, dieselben Möbel, dieselben Stoffe…

»Hast du das bemerkt, Dschaffar?«

»Ich habe es bemerkt, Gebieter.«

Er war noch erstaunter, als sie sich zu Tisch setzten. Es schien so, als hätte man seinen Rat für die Zusammenstellung des Essens eingeholt. Und er fand bei dem, was er aß, sogar den Geschmack der Speisen wieder, die ihm früher Zubaida so gerne zubereitet hatte.

Da seufzte er vor Bedauern und murmelte: »Ach, Zubaida, wo magst du sein?« Aber er sagte sich sogleich, daß es nun nichts mehr nütze, seine frühere Wut zu bereuen, und fragte seinen Gastgeber:

»Sag mir, mein junger Freund, wie hast du bloß all diesen ungeheuren Reichtum erworben?«

Aber es war Zubaida, die darauf antwortete:

»Weder durch Erbschaft noch durch Feldarbeit noch mit einem Federstrich. Geld läßt die Seelen sich erneuern, dem alten Mann gibt sie seine Jugend zurück, es läßt das Antlitz derer, die fern sind, aufleuchten. Der Bohnenhändler ist zum Edelmann geworden, und das ausgetrocknete Meer wendet sich an seine Zuflüsse. Und all das ist das Werk seiner Frau!«

»Zubaida, Herzallerliebste!« rief darauf der Sultan aus und lief herzu, um sie in seine Arme zu schließen. »Gleich und auf der Stelle sollst du mit mir gehen…«

Und noch am selben Abend kehrte Zubaida in den Palast des Sultans zurück. Sie war auch künftig darauf bedacht, die Töchter des Bohnenhändlers in den besten Familien der Stadt unterzubringen, und die guten Beziehungen zwischen den beiden Palästen hielten für alle Zeiten an.

Die Geschichte von den drei Frauen und der Halskette

Es gingen eines Tages drei Frauen spazieren. Da fanden sie unterwegs eine Perlenkette. Sie sagten zueinander: »Welcher von uns soll diese Kette gehören?« »Laßt uns zu einer weisen Frau gehen«, sagte da eine von den dreien, »sie wird sich um eine gerechte Verteilung kümmern.« Als sie zu der Alten kamen, erzählten sie von ihrem Fund und fragten sie, welcher er denn nun gehören solle. »Das werde ich euch schon sagen«, antwortete darauf die Alte. »Diese Kette soll diejenige von euch als Preis erhalten, welcher der außergewöhnlichste Streich gelingt.«

Da gehen die Frauen wieder davon, und jede kehrt nach Hause zurück. Und die eine kauft vierzig Wasserkrüge, vierzig Turbane, vierzig Paar Schuhe und vierzig Kappen. Sie geht damit nach Hause. Sie stellt die Krüge auf den Kopf und ordnet sie kreisförmig im Hause an; dann setzt sie ihnen die Kappen auf und bindet diese mit Hilfe der Turbane fest. Die Schuhe stellt sie vor die Tür. Und sie wartet auf ihren Mann. Als dieser kommt und so viele Schuhe vor seiner Haustüre stehen sieht, macht er kehrt und sucht eilends den

Vater und die Mutter seiner Frau auf. »Kommt und seht euch an, was eure Tochter anstellt!« sagt er zu ihnen. – »Was ist denn los?« – »Na ja, das ganze Haus ist voll Männer, und sie ist bei ihnen!« Sie kommen also mit dem Ehemann gelaufen ...

Die Frau aber sammelt in der Zwischenzeit das ganze Zeug, das sie aufgestellt hatte, wieder ein, versteckt es und wartet auf die Rückkehr ihres Mannes. Und er erscheint tatsächlich mit den Schwiegereltern. Diese sehen sie allein im Haus sitzen: »Aber du bist wohl verrückt!« sagen sie zum Ehemann. »Unsere Tochter hat nichts dergleichen getan.« – »Ich habe es aber gesehen«, antwortet er ihnen, »ich habe es mit eigenen Augen gesehen! Wollt ihr mir etwa einreden, daß ich gelogen habe? Und natürlich gebt ihr eurer Tochter recht.« Da stürzen sich die Eltern der Frau auf ihn und verprügeln ihn. Als sie wieder fortgehen, lassen sie ihn weinend zurück.

Die zweite Frau hatte einen kif-Raucher zum Nachbarn. »Was soll ich nur anstellen?« denkt sie. Sie führt daraufhin ein paar Leute zu sich nach Hause. Zu denen sagt sie: »Ich will, daß ihr mir einen unterirdischen Gang grabt, der zum Laden des kif-Rauchers führt.« Und sie tun, was sie wünscht. Nachdem sie dies erreicht hat, sagt sie zu dem kif-Raucher: »Sag kein Wort. Ich möchte meinem Mann einen Streich spielen.« – »Sieh zu, wie du das anstellst, aber laß mich aus dem Spiel«, sagt der kif-Raucher. Die Frau bleibt in seiner Gesellschaft, und sie rauchen beide gemeinsam kif. Der Ehemann sieht im Vorbeigehen seine Frau. »Oh«, sagt er, »aber das ist doch meine Frau. Was zum Teufel hat sie an diesem Ort zu suchen?« Und er geht nach Hause und klopft an. Seine Frau erscheint und öffnet ihm die Tür. Er steht wie vom Donner gerührt. Er sagt sich darauf, daß jene Frau beim kif-Raucher auf seltsame Weise der seinen gleiche. Und er geht wieder von zu Hause fort, um die andere Frau nochmals anzusehen. Er kommt also zum kif-Raucher und sieht die Frau dasitzen. »Bleib doch einen Augenblick bei uns«, sagt da der Raucher zu ihm. Und er bietet ihm sogleich eine Pfeife an. »Aber«, denkt unser Mann, »diese da ist wirklich meine Frau!« Er steht deshalb auf und geht wieder nach Hause. Die Frau aber begibt sich schnellstens durch den Tunnel dorthin. Sie öffnet ihrem Mann die Tür, der sie wiederum zu Hause vorfindet. »Aber das gibt's doch nicht!« »Was hast du denn?« fragt sie. »Schwester«, sagt er, »ich habe soeben beim kif-Raucher eine Frau gesehen, die dir aufs Haar gleicht!« Sie aber lacht darüber und fügt hinzu: »Was bist du doch dumm! Wie sich Frauen aber auch ähneln! Es gibt nicht nur mich allein. Es gibt noch ganze Mengen davon.« Da geht der Ehemann wieder fort. Seine Frau aber nimmt wieder beim kif-Raucher Platz. Und wieder geht der Mann vorbei. »Meine Frau sagt wirklich die Wahrheit«, denkt er, »sie hat recht.« Am anderen Tag tritt er wieder vor das Haus. Die Frau wechselt schnell ihre Kleider, geht durch den unterirdischen Gang, setzt sich zum kif-Raucher und gibt vor zu rauchen. Ihr Ehemann kommt vorbei und grüßt. »Komm doch«, antwortet man ihm. Er tritt also ein und bleibt vor seiner eigenen Frau stehen. »Bist du krank«, sagt der Raucher zu ihm, und er bietet ihm eine

Pfeife an. Der andere läßt daraus die noch brennende Glut auf das Kleid der Frau fallen und brennt ihr damit ein Brandloch hinein. »Diesmal«, denkt er, »habe ich sie gekennzeichnet. Ich werde sofort heimgehen.« Und er stürzt davon, die Frau aber kommt ihm zuvor und ersetzt das Kleid durch ein neues. Sie hört ihn klopfen, und noch während sie die Tür öffnet, ruft sie: »Aber was ist denn nur los? Aber was hast du denn bloß?« »Komm«, sagt er darauf, »ich will deine Kleider sehen.« Sie aber richtet sich stolz auf, überhäuft ihn mit Spott und läuft dann weinend zu ihrem Vater. Der Ehemann aber geht aus dem Haus und zum kif-Raucher. »Wo ist denn die Frau, die vorhin bei dir war?« – »Sie ist nach Hause gegangen.«

Wenden wir uns jetzt der dritten Frau zu. Ihr Mann war ein Türke und trug einen langen Bart. Eines Tages bereitet sie das Abendessen und mengt ein Schlafmittel darunter. Der Türke erscheint, nimmt das vorgesetzte Essen zu sich und fällt sogleich in tiefen Schlaf. Da ruft unsere Frau ihre Negerin. »Nimm dieses Gericht«, sagt sie zu ihr, »und geh zur Kaserne. Wenn du einen Soldaten findest, der einen Bart hat wie der des Türken, dann bringe ihn dazu, dies hier zu essen.« Die Negerin geht also mit dem Essen fort; sie sucht und findet einen Wachtposten, der einen langen Bart wie der Türke trägt. Und sie bietet ihm zu essen an. Er nimmt es an und schläft ein. Die Negerin lädt ihn auf den Rücken und trägt ihn in das Haus des Türken, mitsamt seinem Ranzen und seinem Gewehr. Ihre Herrin zieht ihm die Uniform aus, verkleidet ihren Mann als Soldaten und streift letzterem die Sachen ihres Ehemannes über.

»Nimm jetzt den Türken«, sagt sie zur Negerin, »und trag ihn dorthin, wo du den Soldaten gefunden hast.« Und dies geschieht auch sofort. Als der diensthabende Sergeant seine Runde macht, findet er den Wachtposten schlafend. Er stößt ihn an. Da erwacht der Türke und richtet sich auf. »Was ist denn los?« sagt er zum Sergeanten. – »Wer um alles in der Welt hat dir gesagt, daß du schlafen sollst?« Der Türke erwidert darauf: »Was führt denn dich hierher? Ich bin doch kein Soldat?« Wütend fängt der Sergeant an, ihn zu schlagen. »Aber ich bin doch Türke«, wendet der Mann ein, »und eben noch war ich bei mir zu Hause!« »Los, sei still«, befiehlt da der Vorgesetzte, »kein Wort mehr oder du kommst ins Gefängnis.« Der arme Türke hütet sich, noch etwas darauf zu erwidern. »Ich muß wohl geträumt haben«, denkt er ... Kommen wir jetzt wieder zum Soldaten, der von der Negerin herbeigetragen worden ist. Die Frau des Türken weckt ihn auf. Er sieht sich in osmanischer Kleidung auf dem Bett liegen. »Ich war doch eben noch ein Soldat«, denkt er bei sich. »Was zum Teufel hat mich so verwandelt? Ich träume offenbar.« Und er reibt sich die Augen. »Na sowas!« – »Was hast du denn?« sagt da die Frau zu ihm. – »Ich denke gerade über etwas nach«, antwortet er. »Eben war ich noch ein Soldat und hatte Dienst als Schildwache.« »Aber schau doch«, sagt sie zu ihm »ich bin deine Frau! Du träumst. Komm, wir gehen schlafen!« Und sie machen ein schönes Nickerchen. Später weckt ihn die Frau und läßt ihn von einer Speise essen, in die sie ein Schlafmittel gegeben hat. Er ißt davon. »Geh«, sagt da die Frau zur Negerin, »und hole den Türken wieder zurück. Dazu bringst du ihm dieses hier zu essen. Er wird sofort tief schlafen, und du wirst ihn hierher tragen.« Und die Negerin geht mit einer Schüssel Couscous davon. Sie findet den Türken immer noch auf seinem Posten und bietet ihm das Essen an. Sogleich fällt er in Tiefschlaf. Und sie trägt ihn nach Hause. Man vertauscht nochmals die Kleidung beider Männer, und die Frau heißt die Negerin, den Soldaten auf seinen Posten zurückzutragen. Gegen Morgen erwacht der Soldat. Er findet sich wieder in seinen Soldatenkleidern. »Jetzt bin ich wieder ich selbst«, denkt er, »ich habe also nur geträumt.« Da erscheint der Sergeant. »Bist du immer noch ein Türke?« sagt er zu ihm. – »Und wann habe ich zu dir gesagt, daß ich ein Türke sei?« – »Aber ... gestern abend doch!« »Nie im Leben!« ruft da der Soldat und fügt hinzu, er habe geträumt, mit einer Frau geschlafen zu haben, und am Morgen sei er wieder als Soldat zu sich gekommen. Aber kehren wir wieder zur Frau des Türken zurück. Sie weckt also ihren Mann. »Steh auf«, sagt sie zu ihm, »und geh in deinen Laden.« Er steht auf und ruft: »Was ist nur los? Ich war eben noch ein Soldat.« – »Aber du hast heute Nacht im Schlaf geträumt.« Der Türke fügt hinzu: »Und dennoch hat mich der Sergeant geschlagen! Ich gehe jetzt in meinen Laden, und wenn der Wirt des Kaffeehauses mir bestätigt, daß ich gestern dort war, dann soll das alles wahr sein.« Unser Türke geht also zu seinem Laden. »War ich gestern hier?« fragt er den Wirt des Kaffeehauses. »Aber gewiß doch, du warst da.« »Dann war es also doch ein Traum, den ich geträumt habe«, schließt daraus der Türke.

Die drei Frauen kommen schließlich wieder zusammen. Eine jede erzählt den Streich, den sie ausgeheckt hat. Dann suchen sie die Alte auf. Die drei Geschichten werden ihr vorgetragen. Die Frau des Türken bekommt den Preis zugesprochen. Und die Alte fügt noch hinzu, daß sie es wirklich war, die den spaßigsten und zugleich frechsten Streich ausgeheckt habe. Sie übergibt der Frau das Geschmeide, welches diese nach Hause trägt. Und so endet die Geschichte von den drei Frauen und der Halskette.

Die Rache der belästigten Frau

Es war einmal eine Frau, die war auf dem Markte von Damaskus und kaufte verschiedene Gegenstände ein. Da sah sie einer vor dem Laden stehen, wie sie Leinentuch kaufte; er trat zu ihr und sagte ihr: »Wenn du Geld willst, so will ich es dir geben.« Sie gab ihm keine Antwort. Darauf ging sie zu einem andern Laden und kaufte Tücher. Er kam wieder zu ihr und sagte ihr: »Wenn du das Geld für die Tücher haben willst, so will ich es dir geben.« Sie gab ihm keine Antwort. Dann kaufte sie Kappen, und er sagte wieder: »Wenn du das Geld für die Kappen haben willst, so will ich es dir geben.« Da sagte sie: »Jetzt gehe ich aber und hole dir drei Gendarmen, damit sie dich binden und zum Kadi bringen. Weshalb willst du mir Geld geben? Bist du doch nicht mein Bruder noch mein Vetter noch mein Mann. Du hast mich angeredet, als ich Leinentuch kaufte, ich gab dir keine Antwort; dann sprachst du mich an, als ich Tücher kaufte, ich gab dir keine Antwort; nun bin ich gekommen, Kappen zu kaufen, und du bist mir gefolgt; ich werde dich mitnehmen vor den Kadi, da wollen wir sehen, weswegen du mir Geld geben willst. Geh und sei vernünftig und denke nicht, daß die Frauen anständiger Leute auf Abwegen gehen.« Da ging er hin, versammelte drei, vier Knaben, gab jedem von ihnen einen Groschen, zeigte ihnen die Frau und befahl ihnen: »Wohin sie immer geht, da nehmt Steine in eure Hände und macht Lärm hinter ihr und ruft: ›Tantchen, weshalb hast du auf der Straße gefurzt?‹« Die Knaben folgten ihr also und fingen an, mit Steinen Lärm hinter ihr her zu machen und ihr zuzurufen: »Tantchen, weshalb hast du auf der Straße gefurzt?« Da wurden die Leute aufmerksam und wunderten sich, weshalb wohl die Knaben so zu der Frau sagen möchten. Nun war da ein Mädchen, das redete sie an: »Tantchen!« »Was gibts?« erwiderte sie. »Weswegen verfolgen dich die Knaben und sagen dies zu dir?« »Wegen eines schlechten Kerls«, antwortete sie. Das Mädchen schlug nun die Jungen und suchte sie von ihr wegzutreiben, aber sie ließen nicht von ihr ab. Die Frau sah sich um und fand, daß jener Mann, welcher den Knaben gesagt hatte, sie möchten ihr nachlaufen und so zu ihr sagen, hinter den Knaben herging. Da rief sie ihn und sagte: »Komm, ich will dir etwas sagen.« »Was denn?« fragte er. »Wer mit einem andern sprechen will«, erwiderte sie, »der mag dies tun, wer aber mit einer Frau sprechen will, der geht zu ihrem Hause, um mit ihr zu sprechen. Du dagegen sagst mir in Gegenwart der Ladenbesitzer, du wolltest mir Geld geben; sie werden hingehn und es meinem Manne sagen. Komm mit nach Hause, rauche eine Pfeife, frühstücke und vergnüge dich. Hast du die Jungen um mich versammelt, um mich an die große Glocke zu hängen?« Da rief er die Knaben, gab jedem wieder einen Groschen und sagte ihnen: »Schweigt jetzt und geht nach Hause!« Die Knaben nahmen jeder seinen Groschen und gingen nach Hause. Darauf fragte er die Frau: »Wo ist dein Haus?« »Komm«, erwiderte sie, »wir wollen zusammen hingehn.« So ging sie mit ihm zu ihrem Hause; dort sagte sie zu ihm: »Setz dich hierhin, unsere Wasserpfeife ist in der Nachbarschaft, ich will hingehn, sie holen und dir eine Pfeife zurechtmachen.« Sie ließ ihn also im Hause und ging weg.

Ihr Mann hatte eine Bude, in welcher er webte, denn er war seines Zeichens Weber. Sie ging rasch zu ihm und bat ihn, nicht lange zu verweilen, sondern nach Hause zu kommen; und als er sie fragte, was es denn zu Hause gebe, antwortete sie: »Ich habe dir ein Frühstück zubereitet, komm frühstücken.« Darauf holte sie die Wasserpfeife, kam wieder nach Hause und sagte zu dem Manne, den sie dort hatte niedersitzen heißen: »Ich will dir eine Pfeife zurechtmachen.« »Tue es«, erwiderte er. Während sie hiermit noch beschäftigt war, wurde an die Türe geklopft. Da fragte der Mann: »Wer klopft an die Türe?« »Mein Mann«, erwiderte sie. »Wo willst du mich denn verstecken?« »Steh auf, verstecke dich in dem Kasten!« Damit öffnete sie den Kasten und ließ ihn in denselben hineinsteigen. Darauf verbarg sie ihre Pantoffeln und ließ seine Schuhe draußen. Ihr Mann trat ein und sagte: »Nun, was gibts, Frau?« »Komm und frühstücke«, sagte sie. Er aber entgegnete: »Du hast ja einen Männerschuh bei dir, wem gehört der?« »Meinem Liebhaber«, erwiderte sie. »Wo ist er?« »Im Kasten.« Der Mann im Kasten geriet in große Furcht; vor Furcht fiel ihm das Herz in die Hosen, er ließ alles unter sich gehn und beschmutzte seine Kleider. Der Mann der Frau sagte: »Jetzt werde ich dich und ihn töten.« »Weshalb willst du mich denn töten?« entgegnete sie. »Wenn ich wirklich Liebhaber hätte, würde ich dir dann sagen: ›Mein Liebhaber ist bei mir?‹« »Aber wem gehört denn der Schuh?« »Ich war zur Nachbarin gegangen, um Feuer zu holen, da habe ich die Schuhe ihres Mannes angezogen und bin so hergekommen.« Da sagte er: »Nun, so bring denn das Frühstück und laß uns frühstücken.« Sie brachte es ihm und er aß; dann stand er auf und ging wieder zu seinem Laden. Als sie nun den Mann aus dem Kasten hinausließ, da fand sie ihn über und über besudelt und mit beschmutzten Kleidern. »Komm heraus«, sagte sie, »der Schlaue ist der, welcher es zu Wege brachte, daß du dich in dem Kasten vor Furcht besudeltest. Bist du nicht derjenige, welcher die Knaben bestochen und ihnen gesagt hat, sie sollten gehn und sagen: ›Tantchen, weshalb hast du auf der Straße gefurzt?‹ Ich hätte meinem Manne sagen sollen, er möchte dich binden und vor den Kadi führen, damit sie dich aufhängen, auf daß du lernest, was es heißt, die Frauen anständiger Leute zu beschimpfen; ich bin ehrbarer Leute Kind, nicht bin ich hinter der Hecke geboren wie du, Mann, du Lumpenkerl!« Darauf sagte sie: »Ein andermal wirst du wissen, was es heißt, anständiger Leute Töchter zu beschimpfen«, und ließ ihn heraus auf die Straße. Da folgten ihm die Knaben: »Dieser Mann besudelt sich, beschmutzt seine Kleider!« Er fing an, auf der Straße zu laufen, und die Jungen liefen hinter ihm her. So kam er nach Hause und klopfte an die Türe. Seine Frau kam heraus und fand, daß seine Kleider feucht waren und mit Kot besudelt. Da fragte sie: »Wie kommt das, Mann?« Er erwiderte: »Mir tat der Bauch weh, und es gelang mir nicht mehr, die Hose auszuziehen.« Darauf brachte seine Frau ihm andere Kleider, und er zog sie an.

Als der Mann jener andern Frau nach Hause kam, sagte er zu ihr: »Du hast mich heute vormittag gerufen, ich möchte frühstücken kommen; an anderen Tagen bist du nie gekommen, mich zu rufen; wie geschah es denn, daß du mich heute rufen kamst?« Sie antwortete: »Wenn die Lüge rettet, so rettet die Wahrheit noch viel mehr.« »Wieso, Frau?« »Ich war auf den Markt gegangen, um Leinentuch und Tücher und Kappen für die Knaben zu holen, und stand da an einem Laden; da kam einer zu mir und sagte: ›Wenn du Geld willst, so will ich es dir geben‹; ich gab ihm keine Antwort. Als ich darauf Tücher kaufte, trat er wieder zu mir und sagte: ›Wenn du das Geld für die Tücher haben willst, so will ich es dir geben‹; ich gab ihm keine Antwort. Wie ich nun Kappen kaufte, sagte er wieder dasselbe zu mir. Da sagte ich ihm: ›Geh, oder ich hole dir drei Gendarmen, daß sie dich zum Kadi führen; was bist du denn von mir, daß du mir Geld geben willst?‹ Nun ging er hin, suchte sich einige Knaben, gab ihnen drei Groschen und sagte ihnen: ›Folgt dieser Frau und ruft ihr nach, sagt ihr: »Tantchen, weshalb hast du auf der Straße gefurzt?«‹ Die Jungen folgten mir nun und riefen mir dieses nach. Die Leute fingen an zu fragen: ›Weshalb mögen wohl die Knaben so zu dieser Frau sagen?‹, und ich schämte mich. Ich schaute mich um, da erblickte ich ihn. Da sagte ich ihm: ›Komm, laß uns nach Hause gehn, mache nur, daß die Buben hinter mir schweigen.‹ So nahm ich ihn mit und kam hierher; dann ging ich dich rufen und verbarg ihn im Kasten; in seiner Angst ließ er alles unter sich gehn, und als du weggegangen warst, ließ ich ihn aus dem Kasten heraus mit besudelten Kleidern. Die Jungen fingen an, ihm nachzulaufen: ›Kommt, seht euch mal diesen Mann an! Ein großer Mann und macht noch in die Hosen!‹« Da sagte der Mann: »Bravo! Nicht aller Vögel Fleisch wird gegessen, und nicht mit allen Frauen läßt sich heillose Rede führen.« Und so lebten sie weiter. Es ist aus.

Der faule Haschischesser und seine kluge Frau

Es war einmal ein Mann, der faul und haschischsüchtig war. Den ganzen Tag aß und schlief er nur. Seine Frau sagte ihm immer wieder: »Steh auf, beweg dich, geh arbeiten!« Er sagte nur: »Frau, laß mich, wie ich bin! Laß mich schlafen, laß mich in Ruhe! Geh nur und bring mir Haschisch und Tee und gib mir zu essen!«

Eines Tages hatte sie die Nase voll und sagte nur: »Los, geh hinaus!« »Wohin soll ich draußen gehen?« »Geh spazieren!« »Wo soll ich spazieren gehen?« »Beweg deine Beine«, sagte sie zu ihm, »vielleicht bessert sich unsere Lage und Gott erweist uns eine Wohltat.« »Möge Gott es dir als Schuld anrechnen, Verfluchte! Willst du mir Unglück bringen? Willst du ...?«

»Los, auf!« sagte sie zu ihm; sie brachte ihm einen Esel, legte ihm darauf das Essen, ein Stück Käse, ein Stück Brot, den Tee, ein Stück Haschisch – so groß–, eine Decke, zwei Kopfkissen und sagte zu ihm: »Geh hinaus ins Freie, geh spazieren, nur daß du dich wenigstens etwas bewegst! Möge Gott uns mit einer Wohltat beschenken!«

Der Haschischesser ging hinaus ins Freie und lief und lief, bis er in der Steppe angekommen war. Da sagte er: »Ich will mich hinlegen; ich will mich ausruhen und schlafen. Diese Frau ist doch verrückt! Wohin will sie mich bloß fortschicken? Ich eigne mich nicht zur Arbeit, nicht für das Umherlaufen.« Er holte das Essen heraus, das sie ihm eingepackt hatte. Er aß es, breitete die Decke aus, legte die beiden Kopfkissen hin und schlief ein.

Dabei vergaß er das Stück Haschisch zusammen mit dem Essen, das auf dem Boden zurückgeblieben war. Er schlief die halbe Nacht; da kam ein Löwe heran, ein schrecklich großer Löwe. Er machte sich zunächst an den Esel und fraß ihn, dann an das Essen und fraß es. Er fraß das Essen und das Stück Haschisch.

Sobald er das Essen und das Stück Haschisch gefressen hatte, wurde er schläfrig. Der Löwe legte sich hin; er fraß nicht den Haschischesser, nur den Esel, das Gepäck und das Haschisch.

Der Haschischesser erwachte. Er fand die Satteltasche und den Sattel dort neben sich, wo er ihn hingestellt hatte; seinen Esel fand er nicht. Es war nur der Löwe geblieben. Verschlafen wie er war, hielt er den Löwen für den Esel.

Er sattelte und bestieg ihn und zog weiter, indem er zur Stadt zurückkehrte. Er sagte: »Gott sei Dank, jetzt kehre ich zurück; die Frau ist doch verrückt, sie will mich hinausschicken ins Freie. Gehöre ich ins Freie? Bin ich ein Wanderer?«

So kam er mit dem Löwen hinauf in die Stadt. »Mein Gott! Mein Gott!« Die Leute flohen, die Kinder liefen davon, die Männer flüchteten. Die Leute rannten dahin, während er auf dem Löwen ritt. »Sieh mal, was für ein Wunder! Ein Löwe! Du lieber Himmel!«

Er sagte zu ihnen: »Ist ein Löwe bei euch etwas Besonderes?« »Bei Gott, erzähl uns, wie du ihn gejagt hast!« »Hä, hä«, sagte er zu ihnen, »sobald der Löwe zu mir gekommen war, legte ich ihm die Zügel an, sattelte ihn und ritt auf ihm zu euch.« »Bei Gott, bravo!«

Die Leute liefen vor Schreck davon. Als er zu seiner Frau gelangt war, nahm sie den Löwen, legte ihn an die Kette, sperrte ihn ins Zimmer und verschloß es. Dann brachte sie ihren Mann herein und zog ihn um. »Frau«, sagte er zu ihr, »laß mich schlafen, gib mir Haschisch, gib mir zu essen! Du hast mich zugrundegerichtet, ich möchte nicht hinausgeschickt werden!« »Leg dich nur schlafen«, sagte sie zu ihm, »jetzt erweist uns Gott eine Wohltat.« Sie hatte es sofort begriffen, sobald sie den Löwen gesehen hatte.

Da kamen auch schon die Boten des Sultans zu ihr: »Gib uns den Löwen, den du bekommen hast, und sofort bei Sonnenaufgang fordern wir den Haschischesser, der König wünscht ihn zu sich.« »Hier sieh!«, sagte sie zu dem Boten; sofort händigte sie jenen Löwen den Boten aus und sagte: »Morgen früh kommt mein Mann zu euch.«

»Sobald du am nächsten Morgen gefrühstückt hast, gehst du.« »Frau, willst du mir Unglück bringen? Willst du mir... bringen?« »Still«, sagte sie zu ihm, »das ist nicht deine Sache. Gott wird uns eine Wohltat erweisen, er eröffnet uns eine Möglichkeit des Lebensunterhalts; geh du nur!«

Er sagte zu ihr: »Was soll ich ihnen denn sagen, wenn ich gehe?« »Sobald du eintrittst – wenn sie dich fragen: ›Wie hast du denn den Löwen gefangen?‹ – sag ihnen: ›Ist ein Löwe bei euch etwas Besonderes? Bei mir ist das etwas ganz Natürliches. Sobald er kam, legte ich ihm die Zügel an und sattelte ihn.‹ Und wenn sie dich mit einer Aufgabe betrauen, sag ihnen: ›Gebt mir eine Frist von drei Tagen.‹ Und dann komm zu mir, ich werde es für dich regeln.«

»Möge Gott deine Angelegenheit regeln! Willst du mir Unglück bringen? Kann ich Aufgaben erfüllen? Ich...?« Sie sagte zu ihm: »Kümmre dich nicht darum.« »Gut«, sagte er.

Am nächsten Tag brach er auf und ging. Er tat einen Schritt nach vorn, tat einen Schritt zurück und machte sich auf den Weg. Er trat beim König ein. Als er beim König eingetreten war, begrüßte ihn dieser, die Minister erhoben sich für ihn. Sie brachten ihm den besten Sessel und ließen ihn Platz nehmen. »Komm und erzähl uns, wie du den Löwen gefangen hast.«

Er sagte zu ihnen: »Was? Ist ein Löwe bei euch etwas Besonderes? Als er gekommen war, legte ich ihm Zügel an und bestieg ihn, so wie wenn er mein Esel wäre. Ein Löwe hat für mich den Wert eines Esels.« »Dann bist du also ein Held«, sagte der König zu ihm, »wir wollen dir ein Heer geben; wir machen dich zum Soldaten und schicken dich los als Truppenführer. Du wirst an der Spitze der Truppen stehen, und wir wollen dich gegen den Feind schicken. Wir haben nämlich einen Feind; jedes Jahr erhebt er sich mit seinem Heer wider uns und bekämpft uns, und wir können seiner nicht Herr werden. Dieses Jahr nun schicken wir dich als Führer der Truppen.«

Er sagte zu ihnen: »Gebt mir eine Frist von drei Tagen.« Er ging zu seiner Frau: »Möge Gott dir keinen Gewinn geben! Willst du mir Unglück bringen? Willst du mich in eine Katastrophe stürzen?« Sie sagte zu ihm: »Sei du nur still, ich arrangiere es für dich, kümmre du dich gar nicht darum!« »Bring mir zu essen, bring mir zu trinken!« »Jawohl«, sagte sie und brachte ihm zu essen, brachte ihm Haschisch, brachte ihm die Wasserpfeife. Sie gab ihm zu essen und zu trinken.

Dann sagte sie zu ihm: »Nun, hast du nicht zu ihnen gesagt: drei Tage Frist? Also geh zu ihnen und sag ihnen am dritten Tag: ›Gebt mir ein Pferd, und zwar das stärkste Pferd im Stall, welches, wenn ich es besteige und es ins Freie gelangt, förmlich dahinfliegt. Und gebt mir drei Säcke, einen Sack mit Mandeln, einen mit Pistazien und einen mit Walnüssen, damit ich sie knacke und esse. Und gebt mir außerdem einen Sack mit Talern, damit ich mir den geeigneten Anzug kaufen kann, und rüstet mich aus, weil ich ja nun mit dem Heer losziehen soll‹.« »Gut«, sagte er und ging.

Er sagte es ihnen, wie sie es ihm aufgetragen hatte. Sie rüsteten ihn aus und gaben ihm, was er wollte. Sie gaben ihm das Geld, gaben ihm alles. Dann kaufte sie ihm einen Anzug aus Leder, der, wenn er ihn anzog, ihn ganz mit Leder bedeckte: seine Hände, sein Gesicht, seine Beine – Leder. Es waren nur die Augen, die hervorschauten, und die Nase und der Mund, – nur so eine Öffnung.

Sie nahm den Leim, kochte ihn und beschmierte

ihm damit seine Oberschenkel, seine Füße und seinen Hintern und sagte: »Halt du nur die Zügel, so fest du kannst, laß die Zügel nicht los! Ob die Stute fliegt oder rennt oder steht, du halte nur die Zügel fest; laß sie auf keinen Fall los!«

Dann öffnete sie ihm die Haustür und sagte: »Los, geh! Gott mit dir und das Geld hinterher!« Er ging. Kaum war die Stute bei der Haustür, als sie auch schon im Fluge davonlief, die Soldaten hinterher. Sie rannten hinaus, als ob sie verrückt wären. Sie gelangten ins Freie und rannten dahin, jener vor ihnen her.

Der Sultan, der kam, um mit ihnen Krieg zu führen, und den zu bekämpfen sie ausgezogen waren, war kahlköpfig. Der Haschischesser hielt sich am Baum fest, er riß ihn heraus mit seiner Hand; er hielt sich an der Holzhütte fest, sie stürzte zusammen. Da begann er zu schreien: »Haltet mich, damit ich nicht falle!« Und sie meinten, er sage: »Haltet mir den Kahlköpfigen!«

Er sagte nur immer wieder: »Haltet mich, ich falle! Haltet mich, ich falle! Bei Gott, ich bin am Ende! Haltet mich, ich falle!« »Wo ist er, der Kahlköpfige? Wo ist er?« »Haltet mich, ich falle!« Sie riefen ihm immer wieder zu: »Wo ist der Kahlköpfige?« Auf ging es zu den Zelten; sie zerschlugen sie vollkommen. Sie packten den Kahlköpfigen. Als die feindlichen Soldaten ihn hörten: »Haltet mich, ich falle!« und meinten, er riefe: »Packt mir den Kahlköpfigen!«, verließen sie ihren König und flüchteten.

Sie aber fesselten den Kahlköpfigen und nahmen ihn mit. Der Haschischesser kehrte mit seiner Stute zurück. Allen, die mit ihm sprechen wollten, sagte er nur: »Bubububu ...« Er konnte ihnen nicht antworten, der Schaum kam aus seinem Mund. »Wie hast du so wunderbar gesiegt? Wie hast du ihn fangen können?« Er sagte ihnen nur: »Bubububu ...«

Er kam zu seiner Frau und rief ihr zu: »Öffne das Haus! Öffne ...!« »Welch ein Wunder! Welch frohe Nachricht!« »Bubububu ...« Er war total erschöpft, er warf sich nur der Länge nach hin, und sie zog ihm jenen Anzug aus. »Bei Gott«, sagte er zu ihr, »Schluß jetzt, du Hündin! Du sagst mir nichts mehr ...!«

Da mußte die Frau laut lachen, der Mann aber nahm Haschisch und legte sich schlafen. Von nun an aß und schlief er den ganzen Tag, und war faul und haschischsüchtig wie zuvor. Seine Frau aber sagte ihm nichts mehr, denn durch ihre Geschicklichkeit hatte sie ihre Lage verbessert und konnte hinfort sorgenlos leben.

Die vernachlässigte Ehefrau

Diese Geschichte handelt von einem sehr reichen Mann. Er war reich und hatte ein junges, schönes und liebliches Mädchen geheiratet. Er brachte es nach Hause. Jedes Jahr brachte er seiner Frau einen Zentner Zwiebeln und dazu einen halben Sack Salz und zwei Säcke Weizen. Er stellte ihr ein Dienstmädchen an. Er war ein Kaufmann im Seraj. Er war reich, bekleidete ein hohes Amt und besaß so großen Reichtum, daß ihn das Feuer nicht verzehren kann. Jene Leute, die Frau und das Dienstmädchen, saßen da – o mein Auge! – ohne Essen und ohne Trinken und alles, während sie den Geruch des Essens der Nachbarn einsogen. Das Mädchen pflegte zur Herrin zu sagen: »Frau, warum bringt uns der Herr nichts?« Sie antwortete: »Ich weiß es nicht.« Sie war eine gutmütige Frau aus der alten Zeit. – So ist es heute nicht mehr. Kannst du die Frauen von heute beherrschen? Möge Gott ihre Wut bändigen!

Der Mann pflegte um die Mittagszeit zu kommen und zu der Frau zu sagen: »Frau, hast du die Hähnchen angerichtet? Hast du die Hähnchen gebraten?« Sie antwortete: »Ja.« Die Hähnchen waren nämlich die gebratenen Zwiebeln. Sie pflegte sie in die Asche des Kohlenbeckens zu legen und zu braten. Wenn er mittags kam, aßen sie sie zu Mittag. Wenn er abends kam, fragte er: »Frau, hast du die Hähnchen gebraten?« Sie sprach: »Ja, ich habe sie gebraten.«

Ihre Nachbarn waren sehr arm, richtige Habenichtse. Die Mutter hatte vier, fünf Töchter. Sie sprachen: »Mutter, unsere Nachbarn essen immer Hähnchen. O Jammer, daß wir uns jenes schöne Essen versagen müssen!« Die Mutter sagte: »Wie könnte ich euch Hähnchen bringen, die vier, fünf Pfund das Stück kosten? Wie könnte ich das tun, ich habe ja kein Geld.« Sie sprach: »Heute wollen wir alle Garn spinnen, es verkaufen und für das Geld Gemüse zum Füllen kaufen. Wir wollen ein wenig mit Reis gefülltes Kraut, Mangold und Eierfrüchte anrichten und der Nachbarin anbieten, damit sie uns vielleicht ein Hähnchen anbietet und wir uns davon satt essen können.« Die eine steuerte für den Mangold, die andere für das Fleisch, die dritte für den Reis bei. O, mein Auge! Die fünf Töchter und die Mutter brachten alle ihren Beitrag.

Sie bereiteten das Essen zu und kamen nach Sonnenuntergang, zur Zeit als der Mann kommen sollte. Sie klopften bei ihr an die Tür. Das Mädchen kam: »Wer ist da?« Die Tochter des Nachbarn sprach: »Meine Mutter läßt grüßen und sagen: ›Bitte, hier ist eine Platte mit gefülltem Gemüse, und mein Bruder hat von den Hähnchen gehört‹.« Die Frau des reichen Mannes sprach zu dem Dienstmädchen: »Bewahre! Zeige es nur nicht dem Herrn! Verbirg es! Leg ihr einige Zwiebeln auf die Platte!« Dann gaben sie der

Tochter des Nachbarn vier, fünf Zwiebeln. Sie sprach: »Möge euch ein Unglück treffen!« – (zu den Zuhörern: »Was euch fern sei!«) – »Verflucht seid ihr, die ihr das Gericht vernichtet habt! O, wie schade um das gefüllte Gericht! Eßt nur die Zwiebeln, von denen wir schon satt haben!«

Die Frau des reichen Mannes wartete, bis ihr Mann zu Bett gegangen war, da stand sie auf und ließ das Dienstmädchen mit ihr das gefüllte Gemüse essen. Das Dienstmädchen sprach: »Herrin, warum müssen wir das Essen entbehren? Warum bringt der Herr uns nichts? Der Herr ist reich und hat viel Geld. Warum?« Die Frau sprach: »Kind, das weiß ich nicht.« Das Mädchen sprach: »Ich will nicht mehr beim Herrn bleiben.« Die Frau sprach: »Auch ich nicht. Morgen früh wollen wir ihn verlassen und einen anderen suchen. Wir sind ja vor Hunger halb tot.«

Sie standen alle früh auf. Der Mann ging zum Seraj und sollte erst um zwei Uhr zurückkommen. Die Frau und das Dienstmädchen waren früh auf, scheuerten den Fußboden und machten das Haus rein und in Ordnung. Da gab es kein Geschirr zu spülen und nichts. Sie machte ihr Make-up, zog ihre beste Kleidung an und ließ das Mädchen vor sich hergehen. »Wo willst du nun hin?« Zu ... es gab seinerzeit einen gewissen Ibn es-Sammān, einen großen Kaufmann im Suk. Sie ging zum Laden des Kaufmanns Ibn esSammān, setzte sich an die Tür des Ladens. Er brachte ihr einen Stuhl: »Bitte, meine Dame, was beliebt? Was befehlen Sie?« Sie sprach: »Keine Eile, keine Eile!« – »Was befehlen Sie, meine Dame?« – »Keine Eile.« – »Was heißt das, keine Eile?« Sie sprach: »Keine Eile, ich will warten, bis Sie mit den Kunden fertig sind.« Als niemand mehr bei ihm war, sprach er: »Bitte, was befehlen Sie?« Sie sprach: »Ich bin hungrig.« Er sprach: »Bitte, bitte, mit Vergnügen.«

Es war ein Uhr. Da seine Frau zum Bad gegangen war, war er allein im Laden. Er sprach: »Bitte, kommen Sie mit nach Hause. Ich habe den Schlüssel.« Er öffnete die Tür und ließ sie ins Haus hinein: »Bleiben Sie hier sitzen, damit ich ein Stück Fleisch hole!« Durch Gottes Fügung geschah es eben an einem Freitag. Er ging durch die Läden von eṭṭâder, sSūq, Cisr Bêt ešŠēx, um ein halbes Pfund Fleisch zu holen, das er für dies Geschöpf braten lassen könnte, fand aber keines. Inzwischen saß sie immer da. Sie sprach zu dem Dienstmädchen: »Sehen wir nach! Wir verschmachten vor Hunger. Vielleicht können wir bei ihm was zu essen finden.« Sie öffneten einen Schrank, und da fanden sie – o mein Auge! – Portulak. Sie sprach: »Der Dichter sagt:

> Das Portulak verwandelt mich in Portulak
> Der Essig überschwemmt mich.
> Laß mich zu Hause sitzen
> und meine Ehre mich beschützen!

Komm! Wir wollen nicht mehr auf ihn warten.« Sie schlossen die Tür, und sie kehrte mit dem Mädchen nach Hause zurück. Es fehlten noch anderthalb Stunden, bis ihr Mann kommen sollte. Inzwischen war der Mann zurückgekommen und sah sich um, ohne sie zu finden. Er war sehr betrübt und weinte aus Betrübnis über sie. Er sprach: »Wenn diese Frau nicht so hungrig gewesen wäre, hätte sie sich nicht so bloßgestellt.«

Er wachte am nächsten Morgen betrübt auf und ging zu seinem Laden. Da hatte sie ihr Taschentuch bei ihm liegen lassen. Er nahm ihr Taschentuch, band es sich um den Kopf und saß in trübe Gedanken versunken an der Tür des Ladens. Da fügte es Gott, daß ihr Mann vorbeiging. Er blickte auf: Jenes Taschentuch hatte er ihr doch mitgebracht. Er war nämlich einst ins Ausland gefahren und hatte dieses Taschentuch mitgebracht. Er sprach: »Warum bist du so betrübt?« Er sagte: »Es ist nichts mit mir.« Er sagte: »Ich beschwöre dich, mir zu erzählen, was mit dir los ist, warum du so betrübt bist.«

Er sprach: »Lieber Freund, es ist mir gestern etwas Sonderbares passiert. Wahrlich, ich habe immer noch davon Kopfweh.« Der andere sprach: »Ich beschwöre dich, mir zu erzählen, woher du jenes Taschentuch bekommen hast!« Er antwortete: »Es ist mir zufällig in die Hand gekommen. Das Sonderbare war so und so. Es ist mir das und das passiert. Eine Frau kam zu mir, und sie war hungrig, und es tat mir leid um sie. Ich schwöre, da gibt es wahrlich keinen Vertrauensbruch. Ich wollte ihr nur zu essen geben, denn wenn sie nicht hungrig gewesen wäre, hätte sie sich nicht so bloßgestellt.«

Er sagte: »Bewahre, wie sah sie aus?« Er sagte: »Sie sah so und so aus, war so und so lang und so und so breit.« Der Mann staunte: Bewahre, das war doch seine Frau!

Sofort ging er, ohne ein Wort zu äußern. Er ging

zum Schlächter und kaufte zuallererst ein geschlachtetes Lamm. Die Frau und das Mädchen waren auf das Dach hinaufgegangen. Es war in den ersten Tagen des Frühlings, und das Wetter war sonnig. Sie hatten sich auf dem Dach hingesetzt und sonnten sich. Das Mädchen sprach: »Frau, sieh das Lamm, das da kommt! Warum hat uns Gott verboten, davon zu essen?« Die Frau sprach: »Das geht uns nichts an! Laß uns essen! Gott wird für uns eine Hilfe finden. Was können wir dazu tun? Hör auf, uns zu bedauern! Wir haben ja schon unser Glück gefunden. Und es war nichts als Portulak!«

Da wurde an die Tür geklopft. »Wer ist da?« Der Bote sprach: »Bitte! Der Herr läßt euch grüßen und sagen: ›Nehmt dieses Lamm!‹« Die Frau sprach: »Das ist ein Irrtum, mein Mann würde niemals ein Lamm schicken.« Der Bote sprach: »Doch, es gehört euch.« Bald danach kam ein Träger, der einen Sack Reis brachte. Bald danach kam ein dritter mit einem Sack Zucker; ein vierter brachte *burġul*; ein fünfter... In zwei Stunden hatte der Herr des Hauses es mit allen Lebensmitteln versehen. Zuletzt kam er selbst, am Ende seiner Arbeitszeit, um zwei Uhr. Er trat ein. Die Sachen im Hof hatten sie nicht angerührt. Das Mädchen sprach: »Herr, sieh, was zu uns gekommen ist!« Er sprach: »Ja, ja! Packt alles aus! Los! Wenn ihr keine Fässer habt, werde ich Fässer bringen. Wenn ihr keine Säcke habt, werde ich euch Säcke bringen, ganz nach Belieben. Überlegt, was ihr wollt! Es steht dem nichts im Wege. Zerteilt nun das Lamm!« Die Frau sprach: »Warum? Was hat dich daran erinnert, daß wir das brauchen?« Er sprach: »So ist das. Wie hätte ich es wissen können? Eßt nun das ganze Fleisch! Morgen früh werde ich euch mehr bringen.« Sie sprach: »Ja, gut.«

Das Mädchen sprach: »Frau, der Herr scheint von unserem Vorhaben erfahren zu haben.« Sie antwortete: »Ob er etwas erfahren hat oder nicht, was geht uns das an!« Am Abend, nachdem sie das Fleisch gegessen hatten und vergnügt waren, saß er da und hatte sie in der Mitte Platz nehmen lassen, und sie hatten das Kohlenbecken vor sich gestellt: »Seid ihr jetzt satt?« Sie sprachen: »Ja.« – »Seid ihr zufrieden?« Sie sagten: »Ja.« Er sagte: »Gut, von jetzt an werde ich nicht aufhören, euch das Essen zu bringen. Immer werde ich es euch bringen.«

Das Mädchen sprach: »Herr, weißt du schon, daß unsere Katze heute drei Junge bekommen hat?« Er sagte: »So, ist das wahr?« Sie sagte: »Ja, Herr, ich will sie dir zeigen; es ist eines für mich, eines für dich und eines für die Frau.« Er sagte: »Sehr schön.« Sie brachte die drei Jungen und sprach: »Herr, wie willst du deine Katze nennen?« Er sagte: »Ich weiß nicht. Gib du zuerst einen Namen! Ich weiß nicht, wie ich sie nennen soll.« Sie sprach: »Ich will sie nennen *Ya-hat-tara-sīdi-dara-wəlla-ma-dara* (Hat der Herr etwas verstanden oder nicht?).« Er sprach: »Sehr schön.« Die Frau sprach: »Gott ist Bürge, daß nichts passiert ist.« Er sprach – wenn wir uns den Ausdruck erlauben dürfen –: »Ein Scheißkerl ist der Mann, der seiner Frau nicht würdig ist.«

Die Frauen und der Islam

Nachwort von Eva Schmitz

Märchenland Orient. Das Land der aufgehenden Sonne. Der Orient als das andere Land; es gilt als Wiege der Kultur, als Beginn der Zivilisation. Zwei der wichtigen Religionen sind dort entstanden, für uns das Christentum, für jene der Islam. Der Islam wurde durch den Propheten Mohammed (569–632 n. Chr.) begründet – Islam, das bedeutet Hingabe an Gott. Wer diese Hingabe übt, ist Muslim (Mohammedaner).[1] Der Islam erhebt den Anspruch, nicht nur Religion, sondern auch Verfassung und Verhaltenskodex für die Mitglieder der islamischen Gemeinschaft zu sein, und hat in der Praxis auf Moral und Wertvorstellungen und auf alle staatlich-öffentlichen Belange entscheidenden Einfluß.

In unserer Vorstellung herrscht in den islamischen Ländern der Mann, der Pascha, über »einen ganzen Harem« voller Frauen, deren Leben darin besteht, dem Mann zu dienen, seine Kinder zu gebären, ihm zu gefallen und ihm zu Gefallen zu sein, ihn mit anderen Frauen zu teilen. Frauen werden unterdrückt, sind rechtlos, werden vom Vater verheiratet, vom Mann gekauft, in ihrer Sexualität eingeschränkt durch Jungfräulichkeitswahn und in einigen Ländern durch Klitorisbeschneidung. Vor dem Hintergrund solcher Vorstellungen erhalten die hier präsentierten Märchen eine besondere Bedeutung. Sind das Selbstbewußtsein, der Mut, die Klugheit und die Stärke, mit der die ›Märchen‹frauen handeln, aus realer Unterdrückung geborene Projektionen, oder ist der Blickwinkel, aus dem heraus wir die Situation der Frauen im Orient interpretieren, zu eindimensional?

Künden die Märchen von einer Realität, die unserem Blick verborgen bleibt?

Soweit sich sagen läßt, ist das reale Leben der Frauen im Orient weit von den hier erzählten märchenhaften Zuständen entfernt. Was die Lehre des Islam für die Frauen bedeutet hat, wie sie ihr Leben verändert und bestimmt hat, wird bis heute kontrovers eingeschätzt. Die einen behaupten, damit habe die Unfreiheit und die Abhängigkeit der zuvor selbständigen Frauen begonnen, andere erklären, die Rechtsvorschriften hätten sie und ihre Kinder in der unberechenbaren Zeit der Kriege, der Überfälle, des Raubs und der Promiskuität geschützt.

Wenn man die Situation der Frauen in Ländern, in denen der Islam Staatsreligion ist, betrachtet, ist es sehr schwierig, allgemeingültige Aussagen zu machen. Nicht nur, weil der Islam ein lebendiges Gebilde unserer Zeit ist und sich verändert, sondern weil er von der arabischen Halbinsel über Nordafrika, Algerien, Westafrika bis zum südlichen Spanien reicht, über die Emirate, die Türkei, Persien, Nordindien bis nach Asien, und in den einzelnen Ländern jeweils andere historische, kulturelle und ökonomische Einflüsse wirksam werden. Die Situation ist also nicht einheitlich. Dazu kommen die unterschiedlichen islamischen Glaubensrichtungen: Sunniten, Schiiten, die Mystiker der Sufis. Der Koran als gemeinsamer Bezugspunkt wurde nach der jeweils eigenen Kultur und Glaubensrichtung angewandt.

Vor Allah und nach dem Koran, in dem die Verkündigungen des Propheten Mohammed, die als göttliche Offenbarung gelten, niedergeschrieben sind, sind Frauen und Männer gleich. Diese Gleichheit wird von islamischen Rechtsgelehrten aber eher im Sinne von Gleichwertigkeit verstanden. Von Natur aus sind Mann und Frau verschieden, d. h. sie haben verschiedene biologische Anlagen, die sie zwangsläufig auch psychisch und moralisch voneinander scheiden. Und es wird von einer »leichten Überlegenheit« der Männer über die Frauen gesprochen.

Wie ist das Zusammenleben zwischen Männern und Frauen nach dem Koran konkret geregelt?

Männer dürfen höchstens mit vier Ehefrauen gleichzeitig verheiratet sein. Sie müssen alle Frauen ernähren können und sie gleich und gerecht behandeln. Diese Bedingungen brauchten sie bei gekauften Sklavinnen und Konkubinen nicht zu erfüllen. »Und wenn ihr fürchtet, in Sachen der (...) Waisen nicht recht zu tun, dann heiratet, was euch an Frauen gut ansteht (?) (oder: beliebt?), (ein jeder) zwei, drei oder vier. Wenn ihr aber fürchtet, (soviele) nicht gerecht zu (be)handeln, dann (nur) eine, oder was ihr (an Sklavinnen) besitzt! So könnt ihr am ehesten vermeiden, unrecht zu tun.«[2] (Sure 4,3)

Die Frauen leben im Harem zusammen – Harem (oder Harām) heißt das ›Verbotene‹, eine heilige, geweihte Stätte ursprünglich, bestimmten Personen vorbehalten.[3] Später wurde der Teil des Hauses Harem genannt, in dem sich Frauen und Kinder aufhielten, auch ein Mann mit nur einer Frau hatte also einen ›Harem‹. Der Harem, der Bereich der Frauen, war anderen, fremden Männern verboten, und auch der Hausherr konnte ihn nicht, wie es ihm gefiel, betreten.

Große Harems, in denen einem Mann viele Frauen zur Verfügung standen, regten zwar die Männerphantasien in Europa an, kamen in der Realität des Orients aber eher selten vor: Das Bild, der Orient habe aus Harem und Pascha bestanden, wäre umgekehrt zu vergleichen mit dem des Europäers, der in Burgen und Schlössern saß, umgeben von seinem Dienst- und Sklavenpersonal, und der nichts anderes zu tun hatte, als sich Wein, Weib und Gesang hinzugeben. Sowohl im Abend- wie im Morgenland waren es nur wenige, die sich diesen ›Luxus‹ erlauben konnten. »Der Aufwand dieser großen Harems (bis ca. 40 Frauen, d. Verf.) ist beträchtlich; der weibliche Puz und Juwelen sind wesentliche Stüke, da es des Hausfriedens wegen nöthig ist, bei den Geschenken dieser Art, welche gemeininglich am Beyram gemacht werden, Gleichheit zu beobachten; ihr Tisch ist sparsamer besetzt als bei den Männern, bleibt aber, wenn man Koffee, Tabak und die Unterhaltung eines zahlreichen Gefolges von Mägden mit darunter begreift, gewiss kostbar genug; diese Betrachtung hält manche Leute von Stande ab, sehr große Harems zu halten, und die Unmöglichkeit, solche Kosten zu tragen, schrökt eine große Menge geringer Leute von der Vielweiberei zurük.«[4] So beschreibt es der Arzt A. Russel, der Zugang zu den türkischen Harems von

Aleppo hatte. Hochzeiten sind teuer, Geschenke sind teuer, und für einen gläubigen Muslim ist es ›Pflicht‹, seine Frauen gleich und gerecht zu behandeln. In der Realität gab und gibt es also viele Ein-Ehen. Verboten ist die Polygamie nur in einem islamischen Land, in Tunesien, mit der Begründung, »gleiche Behandlung von Ehefrauen (sei) psychologisch unmöglich: daß der Prophet alle seine Frauen gleich behandelt habe, sei ein gottgegebenes Vorrecht gewesen.«[5] Das Privileg des Mannes, sein ›Recht‹ auf mehrere Frauen, relativiert sich angesichts der Pflichten, die er damit übernimmt; aber es bleibt ein Vorrecht gegenüber der Frau: ihr muß ein Ehemann genügen, den sie sich in der Regel auch nicht selbst aussuchen kann. Ist eine Frau verheiratet, ist sie dem Mann ausgeliefert: »Und wenn ihr fürchtet, daß (irgendwelche) Frauen sich auflehnen, dann ermahnt sie, meidet sie im Ehebett und schlagt sie!« (Sure 4,34) Im Islam wird auf die Institution der Ehe großer Wert gelegt, aber es gibt auch die Möglichkeit der Scheidung. In diesem Fall gilt nicht gleiches (islamisches) Recht für Mann und Frau. Ein Mann kann sich ohne Angabe von Gründen leicht scheiden lassen, für eine Frau ist es gegen den Willen ihres Ehemannes nahezu unmöglich. Sie muß einen Grund angeben, z. B. schlechte Versorgung, sexuelle Vernachlässigung, Mißhandlung – und dies von zwei Zeugen bestätigen lassen. Außerdem muß sie die zur Hochzeit erhaltenen Geschenke und den gezahlten Brautpreis zurückgeben. Der Mann, der sich scheiden lassen will, steht vor allem vor einem finanziellen Problem. Er muß weiterhin die gemeinsamen Kinder unterstützen, eventuell das Heiratsgut zurückzahlen und für den Unterhalt der Frau sorgen, solange sie nicht wieder verheiratet ist. Eine Scheidung soll – so ist es im Koran gewollt – für beide Geschlechter schwierig sein. Die Möglichkeit des Mannes, die Frau zu verstoßen, zwingt die Frauen real zur Anpassung und zum Gehorsam, zur Unterwerfung unter den Mann.

In allen ›öffentlichen‹ Bereichen gilt eine Regelung zugunsten des Mannes. So zählen z. B. vor Gericht bei Zeugenaussagen die Stimmen von zwei Frauen soviel wie die Stimme eines Mannes: »... und nehmet von euren Leuten zwei zu Zeugen. Sind nicht zwei Mannespersonen da, so sei es ein Mann und zwei Frauen, die euch zu Zeugen passend erscheinen, daß, wenn die eine von beiden irrt, die andere sie erinnern kann« (Sure 2,282). Auch in Erbangelegenheiten steht es zwei zu eins: »Gott verordnet euch hinsichtlich eurer Kinder: Auf eines männlichen Geschlechts kommt (bei Erbteilung) gleichviel wie auf zwei weiblichen Geschlechts« (Sure 4,11).

Kann angesichts dieser Regelungen noch von der »Gleichwertigkeit« der Frau im Islam gesprochen werden? Mit Sicherheit nicht. Durch eine Trennung der Lebensbereiche von Mann und Frau sind die Frauen von dem Bereich der ›Öffentlichkeit‹ ausgeschlossen worden (wobei es auch hier nicht nur regionale Unterschiede gab und gibt, sondern auch unterschiedliche Regelungen in der Stadt und auf dem Land und natürlich ›Ausnahmen‹: einzelne Frauen, die z. B. Händlerinnen waren), ihr Bereich war die Familie, das Haus. Darauf sind sie festgelegt. Aber es reicht sicher nicht aus, das Fremde zu verstehen, wenn wir den Harem als ›Gefängnis‹ interpretieren, als ›goldenen Käfig‹ in manchen Fällen, in dem die Frauen eingesperrt und kontrolliert werden. Ist es nicht auch ein geschützter Raum, in dem die Frauen das Sagen hatten, in dem sie (auf ihre Weise) ›autonom‹ sein konnten? Bietet ein solcher Bereich nicht auch die Möglichkeit der Entfaltung einer eigenen Kultur? Zumindest scheint sich in den Harems ein reges gesellschaftliches Leben der Frauen untereinander abgespielt zu haben: »Die Frauen und vornehme Sklavinnen haben jede ihre besonderen Zimmer und Bedienung; ihre Küche ist gemeinschaftlich, aber jede hat ihren eigenen Tisch; sie besuchen einander, und sind vertraulich, wie sie ihre Laune haben; sie bewillkommnen ihre Verwandte in ihren eigenen Zimmern, und geben die Besuche wieder einzeln heim; nur bei besonderen Veranlassungen kommen alle Frauenzimmer eines Harems zusammen, oder werden miteinander ausgebeten.«[6]

Auch das Schleiertragen vieler mohammedanischer Frauen kann nicht als eindeutiges Zeichen ihrer Unterdrückung gesehen werden. Während der persischen Revolution trugen die Frauen den Tschador, den Schleier, als Zeichen des Widerstands gegen die Diktatur des Schahs, später kam eine andere Bedeutung hinzu: Frauen, die

Schleier oder Kopftuch trugen, wollten damit die Ablehnung der bürgerlichen Werte kundtun, die ihnen aufgezwungen worden waren. »Wir dürfen auch nicht vergessen«, sagt eine engagierte Frauenrechtlerin, Professorin an der Universität Teheran, »daß die massive Beteiligung der Frauen an der Revolution eine gesellschaftliche Bewegung schuf, die sie aus der Isolierung herausführte – aus der Familie... Selbst Frauen, die am Tschador festhalten, haben sich in einem gewissen Sinn emanzipiert. Sie sehen ihn als ein Symbol der Befreiung von jenen gesellschaftlichen Werten, die ihnen aufgezwungen worden waren. – Andererseits darf man nicht vergessen, daß der Tschador den heutigen Machthabern zur Isolierung der Frau dient.«[7] Entstanden ist die Sitte des Schleiertragens in dem Vielvölkerstaat des Nahen Ostens als Sicherheit für die Frauen, unbehelligt von den Blicken der Männer aus anderen religiösen/ethnischen Gemeinschaften über die Straßen und Märkte gehen zu können. Nur in Häusern, in dem Bereich der Familie und der Bekannten nehmen sie den Schleier ab. Mit der Zeit dehnte sich diese ›Schutzfunktion‹ auch auf die Männer der eigenen Gruppe aus: nur noch der Ehemann und die engsten Familienangehörigen sollten das ›nackte‹ Gesicht der Frau sehen dürfen.

»Schutz« ist durchaus in einem doppelten Sinn zu verstehen. Nicht nur die Frauen müssen vor den Blicken der Männer geschützt werden, sondern die Männer müssen sich selbst vor den Reizen der Frau schützen.

Anders als in westlichen Gesellschaften ist die Frau nicht das Individuum, das nur für die eigene Person verantwortlich ist, sondern sie repräsentiert die Familie, ist Teil eines Sozialsystems, Teil des Elternhauses, Teil des Ehemanns. Wie sie handelt, was ihr geschieht, fällt auf die ›Ehre‹ des Hauses zurück. Ohne diesen Ehrbegriff ist der im Orient viel stärker als bei uns ausgeprägte Jungfräulichkeitswahn nicht zu verstehen. Kann in der Hochzeitsnacht der Beweis für die Unberührtheit der Braut nicht erbracht werden, kann das bis heute Anlaß für grausame Sanktionen gegen die Frau sein. Frauen müssen also, damit die Ehre der Familie erhalten bleibt, geschützt und kontrolliert werden. Hinter allen Schutzmaßnahmen allerdings wird die Angst der Männer vor der Unberechenbarkeit der Frauen sichtbar, vor ihrer ›unerschöpflichen‹ körperlichen Lust (denn anders als im Christentum wird die Sexualität der Frau zwar kontrolliert, aber nicht verneint), die Angst davor, betrogen zu werden, sobald sie ihnen den Rücken kehren, die Angst, die Frauen könnten die Kinder nehmen und fortgehen. Von solchen »Vorstellungen« erzählen eine Vielzahl anderer orientalischer Märchen.[8] Aber was immer Ursache und Begründung für die Kontrolle der muslimischen Frauen gewesen sein mag, für ihren Ausschluß aus der Öffentlichkeit, für ihre Abhängigkeit und Unterdrückung, heute läßt sich ein Wandel der Situation der Frauen auch in islamischen Gesellschaften beobachten. Kolonialismus und Industrialisierung nach westlichem Vorbid, der Import fremder Kultur – all das hat das Leben der islamischen Frauen verändert. Vordergründig betrachtet, mag dieser Wandel überwiegend als Fortschritt erscheinen. Frauen haben Zugang zu Schulen und Universitäten, können am öffentlichen Leben teilnehmen. Das ist ein langsamer und schwieriger Prozeß, der sich auf dem Land anders vollzieht als in der Stadt und für die armen Frauen wiederum anders als für die der Mittel- und Oberschicht. Aber die frühere Wertschätzung der Frau als Mutter, als Trägerin der Familie ging verloren. Und die neue Kultur bescherte ihnen ebensowenig wie uns die tatsächliche Gleichberechtigung. Wenn Frauen im Islam das Recht hätten, den Koran auszulegen und danach das Leben zu gestalten, sähe die islamische Gesellschaft sicher anders aus. Vielleicht würde sich dann Mohammeds Prophezeiung erfüllen: »Wer aber Rechtes tut, sei es Mann oder Weib, und er ist gläubig, jene sollen eingehen ins Paradies und sollen nicht um ein Keimgrübchen eines Dattelkerns Unrecht erleiden.«

Aber an gesellschaftlichem Einfluß fehlt es den Frauen. Da liegen Morgenland und Abendland nicht so weit auseinander.

Anmerkungen zum Nachwort

1 Kreiser, Diem, Majer Hsg., Lexikon der islamischen Welt, Stuttgart 1974

2 Die Koranzitate sind aus: Der Koran. Kommentar und Konkordanz. Übersetzt von Paret, R., Stuttgart 1966

3 Gibb, H. A. R./Brown, H., The Islamic Society and the West, London 1951, S. 73

4 Russel, A., Naturgeschichte von Aleppo, Göttingen 1797–98, Bd. 1, S. 390/391

5 Juynboll, G. H. A., Frauenemanzipation und moderne Gesetzgebung ... in: Islam und Abendland, Bern 1976, S. 277

6 Russel, A., a.a.O., S. 398

7 Defarge M. C./Troeller, G., Frauen der Welt, Frankfurt a. M. 1984, S. 90

8 vgl. Merkel, Hsg., Löwengleich und Mondenschön – Orientalische Frauenmärchen, München 1986, S. 159

Anmerkungen

Die folgenden Anmerkungen beziehen sich sowohl auf Geschichten des ersten Bandes der ›orientalischen Frauenmärchen‹, die unter dem Titel *Löwengleich und Mondenschön* erschienen (1–17), wie auf die in dieser Ausgabe wiedergegebenen Geschichten (18–32).

Sie geben vor allem Varianten zu diesen Erzählungen an, die in einer deutschen Ausgabe erschienen und über Buchhandel oder Bibliotheken leicht zu erhalten sind.

Unter der Rubrik ›Weitere Belege‹ finden sich auch fremdsprachige Varianten aus spezielleren Publikationen sowie die Ziffern der einschlägigen Typenverzeichnisse, soweit sie unsere Erzählungen erfassen.

Alle Ausgaben werden mit einem Kürzel bezeichnet, die vollständigen Angaben stehen im Literaturverzeichnis am Ende des Bandes.

[1] Die Geschichte von König Hamed bin Bathara und dem jungen Mädchen, das keine Furcht kannte
aus: Campbell/Gauner, S. 15–23.

Campbell hörte seine Geschichten in den 30er Jahren, als er sich als englischer Offizier im Irak aufhielt. Die drei Bände, die er Ende der 40er und Anfang der 50er Jahre veröffentlichte, gehören zu den interessantesten Sammlungen orientalischer Erzählungen. Auf Deutsch erschien davon nur eine etwas ungeschickte Auswahl, der auch diese Geschichte entnommen ist. Siehe auch [6] und [12].

Das Motiv vom König, der seine Frau mit einem Geliebten

überrascht und daraufhin alle Frauen umbringt, setzt bekanntlich auch die Rahmenhandlung von 1001 Nacht in Gang. König Schahryar läßt jede Braut nach der Hochzeitsnacht umbringen, und Schehrezad überredet ihren Vater, den Wesir des Königs, sie mit ihm zu verheiraten, um mit ihrem Bandwurmerzählen das Frauenmorden zu stoppen.

In veränderter Kombination erscheinen die Elemente der Rahmenhandlung von 1001 Nacht in der türkischen ›Geschichte des Sinan Pascha‹ (TTV Typ 204).

[2] Die Geschichte von der Dienstmagd und dem Uhrmacher
(im Original: ohne Titel)
aus: Garbell/Jewish Neoaramaic, S. 198–207.

Diese Erzählung wurde von aramäisch sprechenden Juden aus Persien aufgezeichnet.

Sie hat große Ähnlichkeiten mit zwei Erzählungen aus 1001 Nacht, deren Motive sie quasi zu einer neuen Geschichte zusammensetzt. Der Verkauf der Sklavin erinnert an den Beginn der Erzählung von ›Ali Schar und Zumurrud‹ (siehe Anmerkung zu [18]). Die anschließende Trennung wegen des von einem Vogel entführten Kleinods, das ihm der Geliebte wieder abjagen möchte, der sich dabei verirrt, findet sich in einer Passage der ›Geschichte von Kamar ez-Zaman‹ (Littman/1001 Nacht, Bd. 2, S. 437–75, 205.–217. Nacht). Dort wird die verkleidete Frau mit einer Prinzessin verheiratet, hier soll sie die Schwester des Prinzen zur Frau bekommen. Auch dort findet der Geliebte schließlich das Kleinod sowie einen Schatz, den er als Handelsware getarnt auf ein Schiff bringen läßt, das ohne ihn abfährt. In beiden Fällen gelangt die Handelsware in die Hand der verkleideten Geliebten. Während dort Budur den Kamar ez-Zaman herbeischaffen läßt, folgt unsere Geschichte jetzt wieder der Linie von Zumurrud, die ihren Geliebten ebenfalls unter den Besuchern eines eigens dazu veranstalteten Festes wiedererkennt.

Abgewandelt verwendet eine marokkanische Erzählung das gleiche Schema: ›Salah und das Mädchen aus vornehmer Familie‹ in Assaf/Nordafrika, S. 18–30.

[3] Das Märchen vom weinenden Granatapfel und der lachenden Zitrone aus: Kúnos/Adakale, S. 323–33.

Die Erzählung wurde in Adakale aufgezeichnet, einer Donauinsel am Eisernen Tor im heutigen Rumänien, die die Türken 1878 an Österreich abtreten mußten. Die Insel bewohnte damals eine kleine türkische Volksgruppe, deren Rechte vertraglich mit Wien garantiert waren. Beim Bau eines Donaukraftwerks wurde sie später überflutet.

Die gleiche Erzählung befand sich auch im volkstümlichen Druck ›Der Kristallkiosk‹, aus dem sie von Giese/Märchen, S. 38–49, und Menzel/Kristallkiosk, S. 17–35 übersetzt wurde.

Verkleidete Frauen verstehen in orientalischen Märchen häufig sehr ›mannhaft‹ zu kämpfen, was dazu führt, daß sich Prinzessinnen in sie verlieben. Der dadurch geschürzte Knoten wird gelegentlich gelöst, indem die verkleidete Frau sich auf wunderbare Weise in einen Mann verwandelt. Besonders beliebt scheint diese Variante im Kaukasus gewesen zu sein: ›Die tapfere Tochter‹, in: Dirr/Märchen, S. 110–13; ›Wie das Mädchen zum Mann wurde‹, in: Fähnrich/Märchen, S. 49–63; ›Das Mädchen, das es sich verdiente, ein Mann zu sein‹; in: Edelsteinbaum, S. 184–88.

In einem ebenfalls kaukasischen Märchen bleibt die Heldin ein Mädchen und heiratet am Ende einen Jüngling, der sie als Freund begleitet: ›Das kühne Mädchen‹ in Amonow/Sandelholztruhe, S. 24–35.

In einer Passage der ›Geschichte von Kamar ez-Zaman‹ in 1001 Nacht (siehe Anmerkung zu [2]) macht der König der Ebenholzinseln die verkleidete Budur zu seinem Nachfolger, indem er sie an seine Tochter verheiratet. Als diese auch nach der zweiten Nacht noch nicht entjungfert ist, droht er den vermeintlichen König wieder zu verjagen, Budur erzählt ihr Schicksal der Königstochter, die nun eine Taube schlachtet, um ein blutiges Leintuch vorweisen zu können. Die beiden leben dann nach außen als Mann und Frau, bis Budur eine Spur ihres Gatten Kamar ez-Zaman findet und ihn in ihr Königreich schaffen läßt (Littmann, 1001 Nacht, Bd. 2, S. 437–75, 205.–217. Nacht).

Weitere Belege: TTV Typ 97.

[4] Das schöne Halwa-Mädchen
aus: Kúnos/Stambul, S. 383–90.

Die Erzählung wurde Ignaz Kúnos von einem Sekretär aus Istanbul mitgeteilt, der sie nach den Erzählungen seiner Mutter aufzeichnete.

Das Handlungsmodell dieser Erzählung wirkt wie eine ›passivere‹ Variante zu [18]: Wie dort muß sich die Frau zum Schutz vor männlichen Nachstellungen als Mann verkleiden, zur Rache an den zudringlichen Männern bedient sie sich der Macht eines Königssohns, der sie liebt oder mit dem sie bereits verheiratet war, durch Verleumdung aber von ihm getrennt wurde.

Die im schönen Halwa-Mädchen arrangierte Situation, daß alle zufällig zusammentreffen, um Halwa zu essen, scheint nach einer verbreiteten Sitte arrangiert zu sein: »Es war früher üblich, im Winter der Reihe nach Gesellschaften in Häusern zu geben, Halwa zu kochen und Geschichten zu erzählen« (TTV, S. 299).

In stärker literarisierter Form findet sich die gleiche Geschichte in Giese/Märchen, S. 17ff. Sie wurde dort nach dem volkstümlichen Druck übersetzt, nach dem auch Menzel/Kristallkiosk, S. 18–35, übersetzte.

Bei Christensen/Märchen, S. 121–32, ist der Ausgangspunkt die Flucht eines Mädchens, die mit ihrem Geliebten flieht, um sich einer Zwangsheirat zu widersetzen, von ihm aber getrennt wird und sich gegen die ihr begegnenden Männer zur Wehr setzen muß.

Weitere Belege: Littmann/Märchen und Schwänke, S. 39–45 und S. 52–59; Budge/Tales, S. 353–63; Hoogasian-Villa/Tales, S. 331–38; TTV Typ 245; Nowak Typ 312.

[5] Die Königstochter, die nicht heiraten wollte
aus: Lewin/Hama, S. 187–95.

Diese Geschichte sprach eine alte Frau aus Hama in Syrien vor ihrem Sohn auf Tonband, der das gesamte Repertoire der Erzählerin im Auftrag des Sammlers aufnahm.

Kaum zu zählen sind im Orient wie im Okzident die Märchen, in denen eine Prinzessin sich weigert zu heiraten, unerfüllbare Bedingungen stellt, mit den Bewerbern kämpft und sie besiegt, bis schließlich irgendwann der ›Richtige‹ kommt und sie erobert. Oft weigert sie sich auch, weil sie heimlich einen Dschinn, einen Zauberer oder dergleichen liebt, wie im türkischen Märchen vom Granatapfel (siehe Anmerkung zu [3]).

Diese Geschichte weicht völlig vom üblichen Schema ab, in der Ausgangssituation, die man psychologisch als Wissen um die eigene Unreife interpretieren mag, ebenso wie in der Lösung, daß zwei Frauen das Trauma gemeinsam bewältigen und den Ausersehenen auch beide heiraten. Auch unter den orientalischen Volkserzählungen, in denen Solidarität zwischen Frauen öfter thematisiert wird (siehe auch Anmerkung zu [3]), wirkt diese Geschichte ziemlich einzigartig.

Im türkischen Märchen ›Die schwarze Schlange‹ ist umgekehrt der Bräutigam eine Schlange, die alle Bräute umbringt: Menzel/ Kristallkiosk, S. 116–25 und TTV Typ 106.

[6] Die Geschichte von der Frau, die stärker war als der Mann
(im Original: The story of woman, who was stronger than man) aus: Campbell/Market, S. 88–93.

Aufgezeichnet im Irak; siehe Anmerkung zu [1].

Die Frage, ob Mann oder Frau dem anderen Geschlecht überlegen sei, wird in manchen orientalischen Erzählungen behandelt. Und häufig erweisen sich die Frauen als überlegen, so beispielsweise in 1001 Nacht in der ›Geschichte von dem Streit über die Vorzüge der Geschlechter‹ (Littmann, Bd. 3, S. 579–90, 419.–423. Nacht) oder auch in der Geschichte von der Weiberlist, die über Männerlist siegte (siehe [14]). Diese Version sticht dadurch hervor, daß sie zwar das Mädchen als geschickter zeigt, aber vor allem den beiden hohen Herren das Spiel verdirbt.

Wie manch andere Geschichten, die Campbell gesammelt hat, steht diese recht einzigartig in der überlieferten Volksliteratur.

[7] Das Basilikummädchen
aus: Kúnos/Adakale, S. 127–36.

Zu Adakale siehe Anmerkung zu [3].

Varianten dieser Erzählung finden sich in praktisch allen orientalischen Ländern, nur wenig veränderte Fassungen begegnen uns in Italien und Spanien und haben sich über Spanien auch in südamerikanischen Ländern verbreitet.

Alle Fassungen berichten von der Auseinandersetzung eines Herrensohnes mit einem sozial weit unter ihm stehenden Mädchen, das ihm aber nichts nachgibt, jede Beleidigung doppelt zurückgibt und sich selbst dann als überlegen erweist, als er sie heiratet, nur um sie zu quälen.

Als ›Basilikummädchen‹ steht die Erzählung bei Spies/Volksmärchen, S. 287–90, als ›Die Tochter des Basilikumgärtners‹ bei Boratav/Volksmärchen, S. 202–208, und als ›Die Basilikumgärtnerin‹ bei Uzunoglu-Ocherbauer/Märchen, S. 25–32.

Weitere Belege: Alle Varianten dokumentiert Michael Meraklis: Das Basilikummädchen – eine Volksnovelle, Diss., Göttingen 1970; TTV Typ 192; Nowak Typ 354.

[8] Das Mädchen, das den König besiegte
(im Original: ohne Titel)
aus: Schreiber/Mekka, S. 95–101.

Von einem Bekannten aus Mekka erhielt der Autor die Geschichte mit anderem Tonbandmaterial zum Dialekt von Mekka.

Das Schema dieser Erzählung ist in vielen ganz ähnlichen Fassungen bekannt, das Versprechen der dritten Schwester ist aber in den meisten Fällen ›harmloser‹; beispielsweise zwei Kinder mit goldenen Haaren auf die Welt zu bringen. Meistens wird die glücklichere Jüngere dann von den eifersüchtigen Schwestern durch eine List vom König getrennt. Diesem Schema folgt ›Die Geschichte von der sprechenden Nachtigall‹ bei Littmann/Märchen, S. 321–32, sowie ›Dilrukesch‹ in Menzel/Zauberspiegel, S. 129–58.

Weitere Belege: McCarthy-Raffouli/Bagdad, S. 346–54; Schmidt-Kahle/Volkserzählungen, S. 169–79; Artin-Pacha/Contes, S. 265 bis 284; Bleichsteiner/Forschungen, S. 87–95; TTV Typ 239; Nowak Typ 174.

[9] Sie weinen und klagen
(im Original: Ils pleurent et se lamentent)
aus: Fasi/Nouveaux Contes, S. 65–68.

Aufgezeichnet in der marokkanischen Stadt Fez.

Sie wirkt wie eine ferne Erinnerung an historische Amazonenstaaten, die ja im Gebiet der heutigen Sahara zu lokalisieren sind. In Sammlungen orientalischer Volkserzählungen finden sich offenbar keine weiteren Belege, es mag kein Zufall sein, daß sie uns aus Nordafrika überliefert ist. Allerdings erzählt auch Schehrezad die ›Geschichte von dem Mann, der nie mehr im Leben lachte‹ (Littmann/1001 Nacht, Bd. 4, S. 319–29, 587.–792. Nacht), es ist die gleiche Erzählung, nur etwas ausgeführter.

[10] Die Königin und der König, Sohn des Amelknani
(im Original: La reine et le roi, fils d'Amelknani)
aus: Légey/Contes, S. 74–77.

Erzählt von einer ehemaligen Sklavin des marokkanischen Sultans Moulay Hasan namens Jema'a, ebenso wie [16] und [21].

Die Erzählung fordert vorsichtig zum Verständnis für die Seitensprünge einer Frau auf, indem sie eine ungerecht unter der grundlosen Eifersucht ihres Mannes leidende Königin mit einem fremden König vereinigt, dessen Frau ihn mit einem alten Juden, dem notorischen Bösewicht mancher muslimischer Märchen, betrügt, und der sie dennoch über den Tod hinaus liebt.

Die Nachsicht des Sohnes von Amelknani fällt besonders auf angesichts der rabiaten Ermordung untreuer oder vermeintlich untreuer Frauen in orientalischen Märchen.

Weiterer Beleg: TTV 277.

[11] Die Natur der Dinge
(im Original: Natures Way)
aus: Hoogasian-Villa/Tales, S. 338–40.

Die Sammlerin ließ sich armenische Märchen von alten Leuten erzählen, die während der Verfolgungen durch die Türken in den 20er Jahren in die USA auswanderten.

Daß eine eingesperrte Tochter sich einen Mann aus Teig macht und zum Leben bringt, ist offensichtlich ein sehr vereinzeltes Motiv. In den Typenkatalogen wird es nicht berücksichtigt, eine ganz ähnliche Version ist aus Griechenland bekannt: Dawkins/Dodekanese, S. 105.

Häufiger ist es eine kinderlose Mutter, die sich ein Kind aus Teig macht, das dann meist auch noch ein grobschlächtiger Tunichtgut wird. (Beispielsweise bei Kent/Tales, S. 23ff., entsprechend TTV 281).

[12] Die Geschichte vom Mantel, der der Vater eines Kindes war
aus: Campbell/Gauner, S. 167–74.

Im Irak gesammelt, siehe Anmerkung zu [1].

Hier werden Standardfiguren vieler Erzählungen, der Abbasidenkalif Harun al Raschid und Abu Nuwas, sein listiger Begleiter, kombiniert mit den gerne erzählten Entscheidungen eines Kadis angesichts eines merkwürdigen Rechtsfalls.

Manchmal streichen die Urteile die Weisheit des Richters heraus, meist beweisen sie seine Beschränktheit und Bestechlichkeit. Hier stellt sich dem ›gelehrten Kadi‹ zusätzlich die Aufgabe, sich vor dem Kalifen, dessen Verkleidung er durchschaut, geschickt aus der Affäre zu ziehen. (Vgl. [15])

Die Erzählung dürfte wieder ziemlich einzigartig sein, weitere Belege dafür finden sich nicht.

[13] Das Zeichen der Quaste
(im Original: The sign of the tassel)
aus: Jamali/Domas, S. 31–32.

Frau Jamali lebte seit den 30er Jahren als Englisch-Lehrerin in Bagdad und hörte die meisten ihrer Erzählungen von ihrer irakischen Schwiegermutter.

Unzählbar sind in orientalischen wie in europäischen Volkserzählungen die Geschichten weiblicher List und Geschicklichkeit. In ihrer Wertung sind sie aber sehr unterschiedlich angelegt, als Beispiele für teuflische Verschlagenheit der weiblichen Natur, der man nie über den Weg trauen dürfe, oder wie hier als trickreicher Ausweg, um mit

List zu erreichen, was einem zusteht, was zu fordern aber die Frau nicht die Macht hat, d. h. es wird häufig ein gerechtes Motiv für die Verwendung der List genannt: Launenhaftigkeit des Ehemannes wie hier ist ziemlich selten, häufiger schon Knauserei mit dem Essen (wie in [32]) oder eifersüchtige Überwachung (wie in [30]). Vor allem aber berechtigt sexuelle Vernachlässigung die Frau, sich listig zu beschaffen, was der Ehemann ihr nicht erfüllt (siehe Anmerkung zu [29]).

[14] Die List der Frauen übertrifft die List der Männer
aus: Bauer/Palästina, S. 173–81.

Diese Fassung der Erzählung stammt aus Palästina. Sie ist inhaltlich identisch mit der ›Geschichte von der Weiberlist, die über die List der Männer siegte‹, die Littmanns Sekretär in Jerusalem nach den Worten seiner Mutter aufschrieb (Littmann/Märchen, S. 390–97).

Ganz ähnlich wird sie aus dem Libanon erzählt: ›Die List der Frauen hat die List der Männer besiegt‹, (Assaf/Libanon, S. 181–84).

In 1001 Nacht findet sie sich als ›Geschichte von der Weiberlist‹, die Schehrezad in der 394. Nacht erzählt (Littmann/1001 Nacht, Bd. 3, S. 502–508).

Weitere Belege: Jamali/Tales, S. 61–64; Hein-Müller/Mehri, S. 134–36; TTV Typ 228; Nowak Typ 364.

[15] Die Frau und der Kadi
(im Original: La femme et le cadi)
aus: Légey/Contes, S. 179–80.

Dieser Schwank wurde von einem marokkanischen Muezzin namens Si el-Hasan erzählt.

Er gehört zu den sehr verbreiteten Kadigeschichten, die die meist unbeliebten islamischen Richter lächerlich machten. Zugleich befreit er die Frau listig von aufreibender Arbeit, ein Motiv, das in orientalischen Erzählungen erstaunlich wenig thematisiert wird, sich in europäischen Volkserzählungen häufiger findet.

In den Typenkatalogen wird dieser Schwank nicht erwähnt.

[16] Das Mädchen und der Bettler
(im Original: La jeune fille et le mendiant)
aus: Légey/Contes, S. 100–103.

Zur Herkunft siehe Anmerkung zu [10].

Die Geschichte von der klugen Tochter einfacher Leute, die dem Vater oder auch einem herumziehenden, Rat suchenden Minister sagt, wie er die unbeantwortbaren Fragen des Königs beantworten kann, ist im europäischen Märchen sehr verbreitet und wird nach der Fassung bei Grimm als ›Die kluge Bauerntochter‹ bezeichnet (Grimm, Kinder- und Hausmärchen Nr. 94).

Unter dem gleichen Titel steht eine mit Grimm sehr verwandte türkische Fassung bei Spies/Märchen, S. 148–50.

Weitere Belege im Orient: Bergsträßer/Märchen, S. 6–10; Littmann/Märchen und Schwänke. S. 76–81; Weißbach/Irakarabisch, S. 158–60; Houri-Pasotti/Contes, S. 112–118; TTV Typ 235; Nowak Typ 350.

[17] Der Derwisch
aus: Weißbach/Irakarabisch, S. 155–57.

Ähnlich wie bei dem kurzen Schwank von der Mützenquaste [13] setzt die Frau hier eine List ein, um zu einem besseren Auskommen mit dem Ehemann zu kommen.

In einem ganz ähnlichen Schwank trifft eine verheiratete Frau einen Mann, der herumzieht und alle weiblichen Listen sammelt. In einer Art sportlichen Demonstration beweist sie ihm vor den Augen ihres Ehemannes, daß er überhaupt nichts von der Listigkeit der Frau verstehe (Jamali/Domas, S. 55–56).

[18] Das Mädchen als König
(im Original: La Fille Roi)
aus: Dumézil/Contes S. 58–77.

Die Lazen, deren Erzählungen Georges Dumézil sammelte, sind ein georgischer Volksstamm aus dem Kaukasus, der zu Beginn dieses Jahrhunderts größtenteils in die Türkei emigrierte, wo Georges Dumézil ihre Erzählungen sammelte.

Frauen, die Männerkleidung anlegen, um sich vor zudringlichen Männern zu schützen, tauchen immer wieder in orientalischen Erzählungen auf. In manchen wird die verkleidete Frau auf abenteuerlichen Wegen zum König eines fremden Landes gewählt und erhält dadurch die Macht, sich an ihren Verfolgern zu rächen. Dafür veranstaltet sie öffentliche Feste und läßt alle fremden Besucher beobachten, oder sie läßt ihr Bildnis aufstellen und jeden Besucher verhaften, der bei ihrem Anblick seufzt.

In romanhafter Verwicklung wird dieses Schema in 1001 Nacht in der ›Geschichte von Ali Schar und Zumurrud‹ durchgespielt: Littmann/1001 Nacht, Bd. 3, S. 207–258, 308.–327. Nacht.

Siehe dazu auch [5] ›Das schöne Halwamädchen‹.

Weitere Belege: Stevens/Iraq, S. 162–82; Kúnos/Adakale, S. 209–30; Giese/Märchen, S. 113–16; Littmann/Märchen, S. 311–20; Budge/Tales, S. 319–27; TTV Typ 195; Nowak Typ 313.

[19] Das Märchen vom Kristallkiosk
aus: Kúnos/Adakale, S. 350–57.

Zu Adakale siehe Anmerkung zu [3].

Auch in dieser Erzählung wird eine Art Kampf zwischen den Geschlechtern vorgeführt: Der Prinz weckt die Liebe der Prinzessin und straft sie zugleich mit hochmütiger Verachtung. Sie fährt ihm nach, macht ihn, ohne daß er sie wiedererkennt, in sich verliebt, demütigt ihn und verläßt ihn. Erst als sie ihm die erfahrene Verletzung heimgezahlt hat, wird Liebe zu gleichen Bedingungen möglich.

›Billur Kösk‹ (Kristallkiosk) war der volkstümliche Druck betitelt, aus dem Giese (Märchen, S. 7–17) und Menzel (Kristallkiosk, S. 1–17) auch diese Erzählung übersetzten. Eine weitere Übersetzung bietet Spies/Volksmärchen, S. 5–16.

Ganz ähnlich wird das Thema abgehandelt in ›Die Ilik-Sultanin‹ bei Boratav/Volksmärchen, S. 156–68, und in ›Prinzessin Markweißchen‹ bei Uzunoglu-Ocherbauer/Märchen, S. 56–68.

Stärker abgewandelt erscheint es bei Assad/Libanon, S. 37–46, als ›Ward und starker Pfeffer‹.

Weitere Belege: Budge/Tales, S. 371–76; TTV Typ 187; Nowak Typ 79.

[20] Der Vater und seine sechs Töchter
(im Original: Le père et ses six filles)
aus: Boratav/Contes S. 29–40.

Gesammelt 1939 in Westanatolien.

Eine türkische Erzählung, die dort recht verbreitet gewesen war (Boratav lagen 15 Versionen vor), aber auch aus nichtislamischen Ländern des Mittelmeers bekannt ist.

Die Geburt eines Sohnes wog in allen orientalischen Gesellschaften ungleich mehr als die eines Mädchens, und das, obwohl dem Mädchen keine Mitgift mitgegeben werden mußte wie in Europa, es vielmehr dem Vater den Brautpreis einbrachte. Manche Erzählungen antworten darauf, indem sie wie in einer Versuchsanordnung nachweisen, daß Töchter ebenso achtenswert sind, ebenso tapfer, ausdauernd und klug sein können wie Söhne, oder sie gar übertreffen.

Die Geringschätzung von Mädchen reflektiert auch das Motiv des Königs, der sein Neugeborenes umzubringen befiehlt, wenn es ein Mädchen sein sollte, wie am Beginn der ›Geschichte vom weinenden Granatapfel und der lachenden Zitrone‹ [3].

Weitere Belege: Dawkins/Dodekanese Nr. 47; Gonzenbach/Märchen Nr. 17; TTV Typ 374; Fadel Typ 67.

[21] Moulay Hammâm, das Mädchen und die Ghôule
(im Original: Moulay Hamam, la jeune fille et la Ghoule)
aus: Légey/Contes S. 104–11.

Zur Herkunft siehe Anmerkung zu [10].

Diese Erzählung kombiniert recht verschiedene Motive in knapper Darstellung zu einer ereignisreichen Handlung: Den Vater, der seinen Töchtern Geschenke von der Reise mitbringen soll, die neidischen Schwestern, die der Jüngsten ihr Glück nicht gönnen, den jenseitigen Gatten, den die diesseitige Frau verliert und den wiederzufinden sie sich auf die Suche macht (hier verschwindet er allerdings nicht wie sonst meist durch ihr Verschulden), die Erlösung des Mannes durch die treue Frau, die hier in Männerkleidung unerkannt einen Arzt spielt, und schließlich die Auseinandersetzung der jungverheirateten Frau mit der bösen Schwiegermutter, die hier auch noch eine Ghôule ist.

Weitere Belege: Kúnos/Adakale S. 98–106; Vincze/Türkisch S. 149–158; Stevens/Folktales S. 20–26; TTV Typen 104 und 106; Ähnlich Nowak Typ 97.

[22] Der schöne Fischer
aus: Boratav/Volksmärchen S. 196–201.

Dieses Märchen wurde nach Angaben Boratavs »am 12. April 1962 von Frau Sidika Boratav in Paris erzählt« (Boratav/Volksmärchen S. 353).

Die Geschichte gehört zu den vielen Variationen der Frau, die ihren Mann erlöst. Anders als in den meisten europäischen und manchen orientalischen Erzählungen dieses Typs tut sie es nicht, indem sie ein Übermaß an Leiden erträgt, sondern sie legt Männerkleidung an, die ihr wie in unzähligen anderen Geschichten erst ermöglicht, in der Öffentlichkeit zu agieren, und sie macht sich selbst auf die Suche.

Weiterer Beleg: TTV Typ 191.

[23] Mehmet Aga der Gauner
(im Original: Mehmat agha l'aigrefin)
aus: Flamain-Nicolas/Turquie S. 62–67.

Diese Erzählung wurde in den 60er Jahren in der Türkei aufgezeichnet, in den Typen türkischer Volksmärchen ist sie nicht verzeichnet. Eine gewisse Ähnlichkeit besteht mit TTV Typ 297, wo die Frau als Richter verkleidet den verschuldeten Ehemann durch einen geschickten Urteilsspruch aus den Fängen des Schuldners befreit.

Wie so oft in orientalischen Erzählungen erlöst auch hier die Frau ihren hereingelegten Mann, indem sie Männerkleidung anlegt und die Spielregeln der Männerwelt besser zu handhaben weiß als die Männer selbst.

(Vgl. [1] oder [7])

[24] Die Äpfel der Fruchtbarkeit
(im Original: Les pommes de la fecondité)
aus: El Fasi/Contes S. 81–87.

Zur Herkunft vgl. Anmerkung zu [9].

Das Motiv des Apfels, der Arznei oder dergleichen, die eine unfruchtbare Frau schwängern, findet sich in vielen orientalischen Märchen (siehe dazu TTV Typ 155 und 167, Nowak Typ 178, 179, 180 und 226). Hier wird es kombiniert mit dem Motiv des schwangeren Mannes, der eine Tochter zur Welt bringt und aussetzt.

Die Geschichte der Tochter verbindet das Motiv des von wilden Tieren gesäugten Kindes mit dem von der eigensüchtigen Mutter, die ihre Schwiegertochter aus dem Wege schafft und sich an ihre Stelle setzt.

Sehr ähnliche Varianten dieser Erzählung bei Littmann/Märchen und Schwänke S. 66–70 und Bergsträßer/Märchen S. 2–5.

Bei Nowak erscheint sie als Typ 194.

[25] Die Geschichte vom Kaufmann, von der arabischen und der ägyptischen Frau
aus: Littmann/Märchen und Schwänke S. 83–87.

Wie alle Erzählungen jener Sammlung vom Schreiber Mahmud Sidqi aufgezeichnet (siehe Anm. zu [26]).

»Dies ist eine Liebesnovelle, die aus der Geschichte vom törichten Liebhaber und der von der Weiberlist zusammengesetzt ist; zugleich spielt das Motiv der klugen Beduinin hinein« (Littmann/Märchen und Schwänke S. 161). Das Motiv der nicht verstandenen Liebeszeichen und der listigen Befreiung aus dem Gefängnis wird auch in der türkischen Erzählung vom ›Betrogenen Betrüger‹ erzählt (Menzel/Zauberspiegel S. 14ff.), dort aber mit unverhohlener Schadenfreude an der Ungeschicklichkeit des Mannes.

Das Motiv der unverstandenen Liebeszeichen und ihrer Deutung durch eine Frau erscheint auch in 1001 Nacht in der romanartigen Erzählung von Aziz und Aziza (Littmann 1001 Nacht, Bd. 2, S. 25–79, 111.–129. Nacht.)

Weiterer Beleg: Nowak Typ 68.

[26] Die Geschichte vom Kaufmann, seiner Frau und seiner Schwester, der Jungfrau Sabâh
aus: Littmann/Märchen und Schwänke S. 70–74.

Littmann ließ sich diese Erzählung wie [25] vom Schreiber Mahmud Sidqi aufschreiben, der sie von seiner Großmutter in Kairo gehört hatte. Nach den Worten Littmanns handelt es sich »um eine Art Novelle, in der die freie Moral gewisser Kreise geschildert wird wie in manchen Bestandteilen von 1001 Nacht, die aus der ägyptischen Zeit stammen; zugleich soll hier ein Spruch über den Monat November durch ein Beispiel erläutert werden.« Sie unterscheidet sich aber von den meisten Geschichten der ägyptischen Schicht von 1001 Nacht, die gerne mit durchtriebenen und untreuen Frauen aufwarten, durch die »als etwas ganz Natürliches hingestellte Sinnlichkeit eines jungen Mädchens« (Littmann/Märchen und Schwänke S. 142/43).

Der unterirdische Gang als geheime Verbindung zweier Liebender kommt in manchen orientalischen Märchen vor. Er kann dazu dienen, den Ehemann zu verwirren, der seine Frau kurz nacheinander zu Hause und beim Geliebten antrifft (Beispielsweise bei Bergsträßer/Märchen S. 51 ff. oder Kúnos/Adakale S. 185–89; entsprechend TTV Typ 267).

In der Geschichte von ›Kamar Ez-Zaman und seiner Geliebten‹ gelangt der Held durch einen unterirdischen Gang zur Frau des Juwelenhändlers (Littmann/1001 Nacht, Bd. 6, S. 432–508, 963.–978. Nacht).

In vielen Fassungen des Basilikummärchens ermöglicht es ein unterirdischer Gang der erniedrigten Ehefrau, dem Mann in Verkleidung zu folgen, während er sie im Brunnen eingesperrt glaubt (siehe [7]).

[27] Die gute Tochter
(im Original: La buena Hija)
aus: Larrea de Palacín Bd. 1, S. 41–43.

Eine jüdische Erzählung aus dem ehemals spanischen Nordmarokko.

Sie fällt dadurch aus dem Rahmen, daß die ›gute Tochter‹ aus

Elternliebe zu einer ›gefallenen Tochter‹ wird und zur Belohnung für den Verzicht auf Wohlanständigkeit mit einem Prinzen glücklich werden darf.

Eine ähnliche Umwertung moralischer Werte nimmt die türkische Erzählung ›Die Wahrsagerin‹ vor. Dort liegt ›Schamlosigkeit‹ im Kismet der jüngsten Tochter, das sie getreu befolgen muß, um einen Jüngling aus dem Bann einer bösen Fee zu befreien (Kúnos/Stambul S. 332–38).

[28] Auf die Frau kommt es an
(im Original: Tout dépend de la femme)
aus: Houri-Pasotti/Contes, S. 182–88.

Erzählt von Juden aus Tunis.

Hier werden die Erzählfiguren Harun al Raschid und seine Gemahlin Zubaida verwendet, um den auch in anderen Einkleidungen bekannten Beweis zu führen, für den Erfolg der Wirtschaft komme es nicht auf den Mann, sondern allein auf die Frau an.

In manchen Fassungen kommt es allerdings dann nicht nur auf die Frau an: Sie schickt ihn mit einer Karawane in die Ferne, er steigt unterwegs in einen Brunnen, um Wasser für die Kamele zu schöpfen, und trifft dort unten auf einen Dschinn, der ihm eine Frage stellt. Da er die richtige Antwort gibt, wird er mit Geld oder Edelsteinen belohnt, die er seiner Frau nach Hause bringt. Bei Assaf/Libanon, S. 147–53, heißt die Geschichte denn auch ›Allah gibt‹. Im türkischen Märchen heißt sie nach dem armen Mann ›Der faule Mehmet‹ (Boratav/Volksmärchen. S. 278–88).

Weitere Belege: Stevens/Folktales, S. 14; Kúnos/Stambul, S. 29–37; Lewin/Hama, S. 11–21; Hoogasian-Villa, S. 91–96; Schmidt-Kahle/Volkserzählungen, S. 99–111; TTV Typ 256.

[29] Die Geschichte von den drei Frauen und der Halskette
(im Original: Histoire des trois Femmes et du collier)
aus: Prébois/Essai, S. 5–8.

Diese Erzählung wurde gegen Ende des 19. Jahrhunderts in der Kabylei aufgezeichnet.

Die Geschichte ist im ganzen Orient sehr weit verbreitet, in zugänglichen Fassungen erscheint sie als ›Gewand, um das gestritten wurde‹ bei Littmann/Märchen, S. 379–86, als ›Die List der Frauen hat die List der Männer besiegt‹ bei Assaf/Libanon, S. 181–84, als ›Die drei Frauen und der Ring‹ bei Hoepfner/Märchen, S. 100–105.

Auch im mittelalterlichen Europa war diese Geschichte bekannt (verschiedene Belege bringt A. Christensen/Contes, S. 114).

Weitere Belege: Christensen/Contes, S. 107–117; Artin-Pacha/Contes, S. 25–61; TTV Typ 271; Nowak Typ 358 und 359.

Das Motiv, das die letzte Episode anspricht, die Frau, die listig ihre sexuellen Ansprüche durchsetzt, wird oft thematisiert:

In der ägyptischen Erzählung ›Der eifersüchtige Türke und seine Frau‹ aus Kairo bugsiert eine junge Ehefrau ihren Liebhaber vor den Augen des alten Ehemannes aus dem Haus (Assaf-Nowak/Morgenland, S. 30–32).

Von unüberbietbarer Virtuosität berichtet ›Die Geschichte von der Frau und ihren fünf Liebhabern‹, die Schehrezad zwischen der 593. und 596. Nacht erzählt (Littmann/1001 Nacht, Bd. 4, S. 319–29): Der Liebhaber einer Frau, deren Mann ständig auf Reisen ist, wurde eingesperrt, sie lockt den Präfekten, den Kadi, den Wesir und sogar den König, die ihr alle Anträge machten, zu sich ins Haus, verfrachtet sie mitsamt dem Schreiner, der sie ihr anfertigte, in eine Kiste mit fünf Kammern, befreit ihren Liebhaber und brennt mit ihm durch.

Hingewiesen sei hier auch auf ›Die Geschichte vom Schlachthausreiniger und der Dame‹ (Littmann/1001 Nacht, Bd. 3, S. 124–130, 282.–286. Nacht), wo jedesmal, wenn ihr Gatte sie betrügt, eine vornehme Unbekannte aus Rache mit dem Schlachthausreiniger schläft.

[30] Die Rache der belästigten Frau
(im Original: ohne Titel)
aus: Bergsträßer/Märchen S. 43–46.

Um 1900 in dem aramäisch sprechenden Dorf Malula im Libanon aufgezeichnet.

Das Motiv der Frau, die ihren Liebhaber vor dem eifersüchtigen

Ehemann verbirgt, wird hier verwendet, um sich listig gegen die Aufdringlichkeit eines fremden Mannes zu wehren. Für diese Variante fanden sich keine weiteren Belege.

[31] Die Geschichte vom Haschischesser
aus: Schreiber/Mekka S. 118–23.

Zur Herkunft siehe Anmerkung zu [8]. Die Geschichte bricht dort unvermittelt ab, der letzte Absatz des hier wiedergegebenen Textes wurde ergänzt.

Neben hemmungsloser Eifersucht von Ehemännern, die ihre Frauen einsperren, oder abartiger Habsucht, die sie dazu bringt, die Frau fast verhungern zu lassen (wie etwa in [32]), stellen manche Erzählungen die bodenlose Faulheit und Unfähigkeit des Mannes heraus, die durch die Voraussicht und die Geschicklichkeit der Frau ins Gegenteil verkehrt werden. Siehe dazu auch die Geschichte ›Auf die Frau kommt es an‹ [28].

Die komischen Heldentaten des faulen Ehemanns gehören zum Typ des tapferen Schneiderleins. In einer türkischen Geschichte schreibt ›Mehmet, der Angsthase‹ auf sein Schwert, daß er 70 (Fliegen) auf einen Streich tötete. Als Räuber ihn auffordern, an ihren Raubzügen teilzunehmen und seine Kühnheit zu beweisen, rettet ihn nur seine als Mann verkleidete Frau (TTV Typ 365).

[32] Die vernachlässigte Ehefrau
aus: Levin/Hama S. 71–81.

Zur Herkunft siehe Anmerkung zu [5].

Zu den Untugenden von Ehemännern, wie sie uns orientalische ›Frauenmärchen‹ präsentieren, gehört auch hemmungsloser Geiz, der die eigene Frau fast verhungern läßt. In einer ähnlichen Geschichte aus dem Libanon bleibt der Geiz unheilbar, und der Ehemann wird drastisch bestraft (Bergsträßer/Märchen, S. 23–27).

In verbreiteten Varianten spielt die Frau vor dem geizigen Ehemann die Bescheidenheit selbst, versorgt sich aber hinter seinem Rücken aus seinen gehorteten Schätzen. Als er es entdeckt, stirbt er vor Gram, und die Frau erbt seine Reichtümer (etwa Jamali/Domas

S. 13–17 oder Spies/Volksmärchen S. 182–85, entsprechend Nowak Typ 346 und TTV Typ 367).

Literatur

Amonow/Sandelholztruhe = R. Amonow/K. Ulaig-Sade: Die Sandelholztruhe. Tadschikische Volksmärchen, Berlin-DDR 1960

Aouda/Contes = Aouda: Badr az-zin et six contes algériens, Paris 1971

Artin-Pacha/Contes = Yacoub Artin-Pacha: Contes populaires de la Vallée du Nil, Paris 1893

Assaf/Libanon = Ursula und Yussuf Assaf: Märchen aus dem Libanon, Düsseldorf 1978

Assaf/Morgenland = Ursula Assaf-Nowak: Arabische Märchen aus dem Morgenland, Frankfurt 1977 (Fischer TB 1987)

Assaf/Nordafrika = Ursula Assaf-Nowak: Arabische Märchen aus Nordafrika, Frankfurt 1978 (Fischer TB 2802)

Bauer/Palästina = Leonhard Bauer: Das palästinensische Arabisch, Leipzig 1910

Bencheneb/Contes = S. Bencheneb: Les Contes D'Alger, Paris 1946

Bergsträßer/Märchen = Gotthelf Bergsträßer: Neuaramäische Märchen aus Malula, Leipzig 1913

Bleichsteiner/Forschungen = Robert Bleichsteiner: Kaukasische Forschungen, 1. Teil, Wien 1919

Boratav/Contes = P. N. Boratav: Contes turcs, Paris 1955

Boratav/Volksmärchen = P. N. Boratav: Türkische Volksmärchen, Berlin DDR 1970

Budge/Tales = E. W. Budge: Egyptian Tales and Romances, London 1931

Campbell/Gauner = Charles Grimshaw Campbell: Arabische Geschichten von Gaunern und Schelmen, üb. von W. v. Einsiedel, Hamburg 1964

Campbell/Market = C. G. Campbell: Told on the Marketplace, London 1954

Christensen/Märchen = Arthur Christensen: Persische Märchen, Düsseldorf 1958

Christensen/Contes = A. Christensen: Contes Persans en langue populaire, Kopenhagen 1918

Daum/Märchen = W. Daum: Märchen aus dem Jemen, Köln 1983

Dawkins/Dodekanese = R. M. Dawkins: Fortyfive Stories from the Dodekanese, Cambridge 1950

Dumézil/Contes = Georges Dumézil: Contes Lazes, Paris 1937

Edelsteinbaum = Der Edelsteinbaum, Kaukasische Märchen, Berlin DDR 1977

El-Fasi/Contes = M. El-Fasi/E. Dermenghem: Contes fasis, Paris 1926

El-Fasi/Nouveaux Contes = M. El-Fasi/E. Dermenghem: Nouveaux Contes Fasis, Paris 1928

Fadel = Ayten Fadel: Beiträge zur Kenntnis des arabischen Märchens und seiner Sonderart, Diss. Bonn 1978

Fähnrich/Märchen = Georgische Märchen, hg. von Heinz Fähnrich, Wiesbaden 1980

Flamain-Nicolas/Turquie = A. Flamain/M. Nicolas: Contes de Turquie, Paris 1979

Garnett/Women = Lucy Garnett: The women of Turkey and their folklore, vol. 1 und 2, London 1890/91

Garbell/Jewish-neoaramaic = Irene Garbell: The jewish Neo-Aramaic dialect of Persian Azerbéjan, The Hague 1955

Giese/Märchen = Friedrich Giese: Türkische Märchen, Jena 1925

Gonzenbach/Märchen = Laura Gonzenbach: Sicilianische Märchen, Leipzig 1870

Hein-Müller/Mehri = Wilhelm Hein/D. H. Müller: Mehri- und Hadramitexte, Wien 1909

Hoepfner/Märchen = Persische Märchen, Hg. Hoepfner, Frankfurt 1984, (Fischer TB 2838)

Hoogasian-Villa/Tales = Susie Hoogasian-Villa: 100 Armenian Tales, Detroit 1966

Houri-Pasotti/Contes = Myriam Houri-Pasotti: Contes de Ghzala, Paris 1980

Jamali/Domas = Sarah Powell Jamali: Folktales of the city of golden Domas, Beirut 1965

Jahn/Volksmärchen = Samia Al Azharia-Jahn: Arabische Volksmärchen, Berlin DDR 1970

Kent/Tales = Margery Kent: Fairy Tales from Turkey, London 1946
Kúnos/Adakale = Ignaz Kúnos: Türkische Volksmärchen aus Adakale, Leipzig 1907
Kúnos/Stambul = Ignaz Kúnos: Türkische Volksmärchen aus Stambul, Leiden 1905
Légey/Contes = Frédérique Légey: Contes et Légendes populaires du Maroc, Paris 1926
Levin/Kaukasus = Isidor Levin: Märchen aus dem Kaukasus, Düsseldorf 1978
Levin/Hama = Bernhard Levin: Arabische Texte im Dialekt von Hama, Beirut 1966
Littmann/Märchen = Enno Littmann: Arabische Märchen, Wiesbaden 1968 (auch Ausgabe als Insel Taschenbuch 779)
Littmann/Märchen und Schwänke = Enno Littmann: Arabische Märchen und Schwänke aus Ägypten, Wiesbaden 1955
Littmann/1001 Nacht = Die Erzählungen aus 1001 Nacht, üb. von Enno Littmann, 6 Bände, Wiesbaden 1953
McCarthy-Raffouli/Baghdad = McCarthy-Raffouli: Spoken Arabic of Baghdad, Beirut 1965
Menzel/Kristallkiosk = Theodor Menzel: Der Kristallkiosk, Türkische Märchen 1, Hannover 1923
Menzel/Zauberspiegel = Theodor Menzel: Der Zauberspiegel, Türkische Märchen 2, Hannover 1924
Nowak = Ursula Nowak: Beiträge zur Typologie des arabischen Volksmärchens, Diss., Freiburg 1969
Palacín/Cuentos = Arcadio de Larrea Palacín: Cuentos populares de los judíos del Norte de Marruecos, Tetuan 1952/53
Pellat/Textes = Charles Pellat: Textes berbères dans le parler des Aït Seghrouchen de la Moulouya, Paris 1955
Prébois/Essai = Paul Le Blanc de Prébois: Essai de Contes Kabyles, Paris 1878
Scelles-Millie/Traditions = Jeanne Scelles-Millie: Traditions algeriennes, Paris 1979
Schmidt-Kahle/Volkserzählungen = Hans Schmidt/Paul Kahle: Volkserzählungen aus Palästina, Göttingen 1918
Schreiber/Mekka = Giselher Schreiber: Der arabische Dialekt von Mekka, Diss., Münster 1970

Spies/Volksmärchen = Otto Spies: Türkische Volksmärchen, Düsseldorf 1967
Stevens/Folktales = E. S. Stevens: Folktales of Iraq, London 1931/ Neudruck New York 1971
TTV = Wolfram Eberhard/P. N. Boratav: Typen türkischer Volksmärchen, Wiesbaden 1953
Uzunoglu-Ocherbauer/Märchen = Adelheid Uzunoglu-Ocherbauer: Türkische Märchen, Frankfurt 1982 (Fischer TB 2840)
Vincze/Türkisch = F. Vincze: Beiträge zur Kenntnis des anatolischen Türkisch, Keleti Szemle IX, Budapest 1908
Weißbach/Irakarabisch = Franz Weißbach: Beiträge zur Kunde des Irak-Arabischen, Leipzig 1908
Wagner/Judenspanisch = Max Leopold Wagner: Beiträge zur Kenntnis des Judenspanischen in Konstantinopel, Wien 1914

Übersetzungsnachweis

Die Märchen *Das Mädchen als König; Moulay Hammâm, das Mädchen und die Ghôule; Auf die Frau kommt es an* und *Die Geschichte von den drei Frauen und der Halskette* wurden aus dem Französischen übersetzt von Karin Oberleitner-Belain.

Die Märchen *Der Vater und seine sechs Töchter; Mehmet Aga der Gauner* und *Die Äpfel der Fruchtbarkeit* wurden aus dem Französischen übersetzt von Ingrid Scherf.

Das Märchen *Die gute Tochter* wurde aus dem Spanischen übersetzt von Johannes Merkel.

Glossar

Afrit	boshaft, schlau; Dämon, Teufel
Aga	(türk.) Titel; kleiner Beamter
Allah	Gott des Islam
Amine	Bevollmächtigter, Treuhänder
Aydin	Ortsname
Baba	Vater; zärtl. Anrede für alte Männer
Babuschen	Pantoffeln
Bajram	islam. Opferfest; Andenken an die Opferung Isaaks; wird am 10. Tag im 12. islam. Monat gefeiert
Barmekiden	pers. Sippe; benannt nach dem hier erwähnten *Wesir* Harun al Raschids
Bej	türk. Titel; ursprüngl. Adelstitel (etwa wie Prinz); später: Herr
Beng	pflanzliches Narkotikum
Biga	Ortsname
Burgul	Weizengrütze
Burnus	Kapuzenmantel der Beduinen
Couscous	Hirsegericht
Dechra des Olives	Ortsname; wörtl.: Olivenweiher
Dinar	Geldmünze
Dschinn	Geist, der in den Märchen meist den Menschen hilfreich ist. Erscheint in der Regel aus Brunnen, Flaschen oder Wänden
Dschinna	weibl. Form

Dschinnen	Mehrzahl
Edirne	Stadt in der Türkei
Effendi	Herr
Ferman	in islam. Ländern Erlaß des Landesherrn
Galeone	Segel(kriegs)schiff
Gallabija	das weite, *kaftan*artige Gewand der Ägypter
Ghôul	Riesendämon
Ghôule	weibl. Form
Hakim	Zauberer
Halwa	Süßspeise
Hammâm	Dampfbad; sein Besitz gilt als Zeichen des Wohlstands
Harissa	Gewürz, das auch zur *Couscous*-Zubereitung genommen wird
Haschisch	vorzügl. Rauschmittel (s. *Kif*)
Hindu	die eingeb. Bevölkerung Indiens; ind. Religion
Hodscha	pers. Lehrer, Meister; Geistlicher an einer *Moschee*
Huri	schönes Mädchen im Paradies des *Islams*
Ifrit	Luftgeist; ein guter Naturgeist
Imam	ursprüngl. die zwölf Nachfolger *Mohammeds*; heute: geistl. Führer
Islam	die von *Mohammed* gestiftete Religion
Kadi	arab. Richter
Kaftan	langes Obergewand
Kif	vorzügl. Rauschmittel (s. *Haschisch*)
Kiosk	Pavillon, Lusthaus
Konak	Palast
Koran	Gesetz- und Religionsbuch des *Islam*
Lala	pers. Erzieher; Begleiter des Sohnes
Luzerne	Futterpflanze
Minarett	hoher Spitzturm der *Moscheen,* von wo der *Muezzin* fünfmal am Tag die Gebetszeit verkündet
Mohammed	Stifter der *islam.* Religion
Moschee	*islam.* Gebetshaus
Muezzin	Gebetsausrufer
Padischah	pers. Herrscher, Fürst; volkstümlichste Gestalt

	der Märchen, die durch seine Töchter und Söhne in den Kampf geführt wird
Piaster	Münze
Rais	arab. Titel; etwa: Vorsitzender, Chef
Raki	Anisschnaps
Schah	pers. Herrschertitel
Schayatin	Teufel
Schehzade	Sohn des *Schah*; Fürstensohn; eine der Hauptgestalten der Märchen, die rege an den Kämpfen teilnimmt
Seraj	Palast; Fürstenwohnsitz
Suk	Basarstraße, Markt
Sultan	Herrschertitel; die Frauen und Töchter des *Sultans* werden mit *Sultana* begrüßt
Tabouna	Backtopf; kleiner Backofen
Tchanakkale	Ortsname
va á la Barkè	geh mit Gottes Segen
Vaj	Ach! Oh! Ausruf der Überraschung
(Voll-) Mond in der 14. Nacht	die Schönheit der Jungen wird mit der Sonne die der Mädchen mit dem Mond verglichen
Wesir	erster Ratgeber des *Padischah*; zugleich sein Reisegefährte